"十三五"国家重点出版物出版规划项目

|社|会|建|设|卷|

中国网络社会治理

NETWORK SOCIETY GOVERNANCE IN CHINA

李宇 姬凌岩 著

中国财经出版传媒集团

经济科学出版社
Economic Science Press

图书在版编目（CIP）数据

中国网络社会治理/李宇，姬凌岩著 . —北京：经济科学出版社，2019.3（2021.7 重印）

（中国道路·社会建设卷）

ISBN 978－7－5218－0271－9

Ⅰ.①中… Ⅱ.①李…②姬… Ⅲ.①互联网络－社会管理－研究－中国 Ⅳ.①C916②TP393.4

中国版本图书馆 CIP 数据核字（2019）第 029769 号

责任编辑：杨　洋
责任校对：隗立娜
责任印制：李　鹏

中国网络社会治理

李　宇　姬凌岩　著

经济科学出版社出版、发行　新华书店经销
社址：北京市海淀区阜成路甲 28 号　邮编：100142
总编部电话：010－88191217　发行部电话：010－88191522
网址：www.esp.com.cn
电子邮件：esp@esp.com.cn
天猫网店：经济科学出版社旗舰店
网址：http://jjkxcbs.tmall.com
北京季蜂印刷有限公司印装
710×1000　16 开　14.5 印张　190000 字
2019 年 3 月第 1 版　2021 年 7 月第 2 次印刷
ISBN 978－7－5218－0271－9　定价：50.00 元
（图书出现印装问题，本社负责调换。电话：010－88191510）
（版权所有　侵权必究　打击盗版　举报热线：010－88191661
QQ：2242791300　营销中心电话：010－88191537
电子邮箱：dbts@esp.com.cn）

《中国道路》丛书编委会

顾　　　问：魏礼群　马建堂　许宏才

总　主　编：顾海良

编委会成员：（按姓氏笔画为序）

　　　　　　马建堂　王天义　吕　政　向春玲
　　　　　　汪林平　陈江生　季正聚　季　明
　　　　　　竺彩华　周法兴　赵建军　逄锦聚
　　　　　　姜　辉　顾海良　高　飞　黄泰岩
　　　　　　傅才武　曾　峻　魏礼群　魏海生

社会建设卷

主　　　编：陈江生　向春玲

《中国道路》丛书审读委员会

主　任：吕　萍

委　员：（按姓氏笔画为序）
　　　　刘明晖　李洪波　陈迈利　柳　敏
　　　　樊曙华

总　　序

中国道路就是中国特色社会主义道路。习近平总书记指出，中国特色社会主义这条道路来之不易，它是在改革开放三十多年的伟大实践中走出来的，是在中华人民共和国成立六十多年的持续探索中走出来的，是在对近代以来一百七十多年中华民族发展历程的深刻总结中走出来的，是在对中华民族五千多年悠久文明的传承中走出来的，具有深厚的历史渊源和广泛的现实基础。

道路决定命运。中国道路是发展中国、富强中国之路，是一条实现中华民族伟大复兴中国梦的人间正道、康庄大道。要增强中国道路自信、理论自信、制度自信、文化自信，确保中国特色社会主义道路沿着正确方向胜利前进。《中国道路》丛书，就是以此为主旨，对中国道路的实践、成就和经验，以及历史、现实与未来，分卷分册做出全景式展示。

丛书按主题分作十卷百册。十卷的主题分别为：经济建设、政治建设、文化建设、社会建设、生态文明建设、国防与军队建设、外交与国际战略、党的领导和建设、马克思主义中国化、世界对中国道路评价。每卷按分卷主题的具体内容分为若干册，各册对实践探索、改革历程、发展成效、经验总结、理论创新等方面问题做出阐释。在阐释中，以改革开放四十年伟大实践为主要内容，结合新中国成立近七十年的持续探索，对中华民族近代以来发展历程以及悠久文明传承的总结，既有强烈的时代感，又有深刻的历史感召力和面向未来的震撼力。

丛书整体策划，分卷作业。在写作风格上，注重历史和现实相贯通、国际和国内相关联、理论和实际相结合，对中国道路的重大理论和实践问题做出探索；注重对中国道路的实践经验、理论创新做出求实、求真的阐释；注重对中国道路做出富有特色的、令人信服的国际表达；注重对中国道路为发展中国家走向现代化的途径、为解决人类问题所贡献的中国智慧和中国方案的阐释。

在新中国成立特别是改革开放以来我国发展取得的重大成就基础上，近代以来久经磨难的中华民族实现了从站起来、富起来到强起来的历史性飞跃，焕发出强大生机活力，迈进中国特色社会主义道路发展的新时代。在新时代建设社会主义现代化强国的新的历史征程中，中国财经出版传媒集团经济科学出版社、中国特色社会主义经济建设协同创新中心精心策划、组织编写《中国道路》丛书有着更为显著的、重要的理论意义和现实意义。

《中国道路》丛书 2015 年策划启动，2017 年开始陆续推出。丛书 2016 年列入"十三五"国家重点出版物出版规划项目、主题出版规划项目，2017 年列入国家"90 种迎接党的十九大精品出版选题"，2018 年获国家出版基金资助。

《中国道路》丛书编委会
2018 年 12 月

目 录

第一章　网络社会的形成与发展……………………… 1

　　一、网络社会形成的技术环境　/　1
　　二、认知网络社会　/　14
　　三、网络社会的现实性　/　23

第二章　网络社会对现实社会的多重影响……………… 28

　　一、网络社会的影响　/　28
　　二、网络社会对经济环境的影响　/　35
　　三、网络社会对传统文化的冲击　/　43
　　四、网络社会对政府公共政策与公信力的影响　/　50

第三章　网络社会动员和参与…………………………… 58

　　一、传统社会动员　/　58
　　二、网络社会群体　/　62
　　三、我国网络社会动员模式和特点　/　77
　　四、网络社会动员的现实存在性　/　82

第四章　网络社会的治理模式…………………………… 89

　　一、网络社会治理基本内涵　/　89

二、网络社会治理的政府责任 / 97
三、网络社会治理模式 / 101

第五章 网络社会治理中的政府角色 ………… 107
一、网络社会中政府的作用 / 108
二、中国互联网管理的基本做法 / 113
三、政府面临的挑战 / 123

第六章 网络社会舆论环境治理 ……………… 136
一、网络舆论构成 / 136
二、网络舆论引导 / 140
三、网络社会舆论场中的毒瘤——谣言 / 145
四、网络社会舆论场的挑战与治理策略 / 152

第七章 网络社会治理的防火墙 ……………… 161
一、解读网络社会安全 / 161
二、网络安全的影响因素 / 168
三、构筑网络安全防火墙 / 177

第八章 网络社会治理中电子政务作用 ……… 187
一、电子政务功能的实现 / 187
二、电子政务面对网络社会的管理困境 / 192
三、借力移动互联网探索政府信息传播新渠道 / 194

第九章 我国网络社会治理的经验 …………… 200
一、网络社会的时代定位 / 200
二、网络社会治理中的政府治理 / 207
三、网络社会治理中的社会参与 / 213

参考文献 / 217

第一章

网络社会的形成与发展

现代信息技术和互联网技术的快速发展，生成了以互联网为基本平台的、与传统社会在地域空间意义上完全不同的网络社会。网络社会的形成与技术的发展之间，形成了一种不可分割的相互依赖关系，而这种依赖关系，将会成为未来社会进步的基石。

一、网络社会形成的技术环境

以信息技术为中心的技术革命，正在加速重造社会的物质基础①。如果说自然界是现实社会得以生存的平台，那么互联网等信息技术则是网络社会存在的一个载体。不能否认，网络社会的每一个演进过程，都离不开科学技术的进步，而且，这种依存程度呈现出越来越强的趋势，人们在网上流连的时间将会越来越长。同时，网络社会的发展对传统社会的影响也是巨大的，甚至是全方位的。

---

① ［美］曼纽尔·卡斯特著，马铸九、王志弘等译：《网络社会的崛起》，社会科学文献出版社2006年版。

(一) 信息技术的诞生与发展应用

18世纪60年代，英国人哈格里夫斯发明了"珍妮纺织机"，大大提高了纺织工业的生产效率，从而揭开了人类历史上第一次技术革命的序幕。1785年，瓦特研制成功改良型蒸汽机，进一步推动了机器的普及和发展。以此为标志，世界进入了以机器代替手工劳动的工业化时代。随之，社会关系也发生了深刻的变革。19世纪中叶，欧洲、美国、日本资产阶级革命相继完成。随着资本主义经济的发展，各种新技术、新发明屡见不鲜。1866年，德国人西门子制成了电动机；70年代，美国人贝尔发明了电话；90年代，意大利人可尼试验成功电报机。在20世纪70~90年代期间，电灯、电车、电影相继问世。自此，人类步入"电气时代"，史称"第二次技术革命"。第二次技术革命，对社会的经济、政治、文化、军事、科技，以及生产力和生产关系产生了极其深远的影响。第三次技术革命，以电子计算机、原子能、空间技术和生物工程为主要标志，是一场涉及信息技术、新能源技术、新材料技术、生物技术、原子能技术等诸多领域的信息控制技术革命，也有人称为"信息技术革命"。始于20世纪50年代，60年代获得初步发展，至80年代，从欧美到亚洲，从发达国家到广大的发展中国家，兴起了一场全球性的信息革命浪潮。这次信息技术革命对人类社会产生影响的深度和广度是前所未有的，它极大地促进了人类科学、技术、文化的进步，从宏观世界到微观世界都取得了前所未有的成果。特别是90年代以来，计算机技术、通信技术日益发展与融合，尤其是互联网在一系列技术支持下的广泛应用和日臻完善，信息技术革命的影响已由单纯的科技领域向社会各个领域全面渗透，直接对社会、经济、文化，以及政府管理、市场营销等方面的传统观念和行为，产生了巨大冲击。

1. 信息技术所带来的影响与变革。

自1946年世界上第一台命名为"埃尼阿克"（ENIAC）电子计算机诞生以来，人类即进入到一个信息化的时代。计算机以惊人的速度发展着：开始是晶体管取代了电子管；继而是微电子技术的发展，使得计算机处理器和存储器上的元件越做越小，数量越来越多，计算机的运算速度和存储容量迅速增加。

英特尔的创始人之一戈登·摩尔提出来的摩尔定律，揭示了信息技术发展的速度。摩尔认为："当价格不变时，集成电路上可容纳的元器件的数目，约每隔18~24个月便会增加一倍，性能也将提升一倍。"换言之，每一美元所能买到的电脑性能，将每隔18~24个月翻一倍以上。

随着信息技术的快速发展，对它的定义也在不断地完善与更新。早期对信息技术的定义是关于信息的采集、储存、利用和传播的技术。主要包括：微电子技术、计算机技术、通信技术和软件技术。而现代信息技术的概念，已超出了原有对信息技术的定义，特别是互联网的出现，计算机（或终端）之间的数据通信得到了迅猛的发展，使得传统的通信技术与计算机技术的区别逐渐模糊。因此，有专家对信息技术定义为：利用电子计算机和现代通信手段实现获取信息、传递信息、存储信息、处理信息、显示信息、分配信息等的相关技术。①

信息技术的出现，给社会和政府带来前所未有的改变。

首先是政府部门信息技术的应用。信息技术在政府部门的应用始于办公自动化。办公自动化打破了政府的传统工作流程，缩短了文件的制作、修改、传递、签订、保存、销毁、存档的过程。

办公自动化始于20世纪70年代，大致经历了三个阶段：第一个阶段是70年代，其主要标志是办公过程中普遍使用现代办

---

① 周宏仁：《信息化论》，人民出版社2008年版。

公设备，如传真机、打字机、复印机等；第二个阶段是 80 年代，其主要标志是办公过程中普遍使用计算机和打印机，通过计算机和打印机进行文字处理，表格处理、文件排版输出和进行人事财务等信息的管理等；第三个阶段是 90 年代，其主要标志是办公过程中普遍使用网络技术。这一阶段在办公过程中通过使用局域网，实现了文件共享，网络打印共享，网络数据库管理等。为在中国推动和促进政府办公自动化的发展，1994 年，中共中央办公厅、国务院办公厅率先组织专门的人力物力，实施了旨在使两办办公高度自动化的"金海工程"，随后全国政府办公自动化逐渐走向普及。

　　利用网络通信基础及先进的网络应用平台，建设一个安全、可靠、开放、高效的信息网络和办公自动化、信息管理电子化系统，为管理部门提供现代化的日常办公条件及丰富的综合信息服务，实现档案管理自动化和办公事务处理自动化，以提高办公效率和管理水平，实现企业各部门日常业务工作的规范化、电子化、标准化，增强档案部门文书、人事、科技、财务等档案的可管理性，实现信息在线查询、借阅，最终实现"无纸"办公，是政府信息化的基本功能，它实现了数字化办公，提高了工作效率，为电子政务的发展奠定了基础。

　　其次是电子政务的实现。信息技术对政府的最大影响是电子政务的实现。早在中国共产党第十六次全国代表大会报告中就已经指出："深化行政管理体制改革的主要内容之一，就是进一步转变政府职能，改进管理方式，推进电子政务，提高行政效率，降低行政成本……把政府职能切实转变到经济调节、市场监管、社会管理、公共服务上来。"从而明确了"以信息化带动工业化""大力加强电子政务建设"的方针。这标志着我国电子政务建设进入了一个崭新的阶段。2003 年 7 月 22 日，国家信息化领导小组第三次会议，对加快我国信息化建设提出了总体要求："坚持以信息化带动工业化，以工业化促进信息化，走出一条科技含量高、经济效益好、环境污染少、人力资源优势得到充分发挥的新型工业化道路。"会议要求,当前要着力抓好的四个方面的工作之一,就是抓紧推行电子政务。按照统一规划、突出重点、整合资源、统一标准、保障安全的原则,逐步建成电子政务体系的基本框架。

电子政务促进了政府从简单管控到为民服务的职能转变的进程,主要体现在:第一,政府的信息服务。各级政府在互联网上建有政府门户网站,公众可以查询其机构构成、政策条文、政府公告,相当于政府的"窗口"。一方面为百姓提供信息服务,另一方面加强与百姓的沟通与联系。第二,政府的电子贸易。政府的电子贸易也就是政府的电子采购。它既能够提高工作的透明度,促进廉政建设,也可以加大企业的竞争,降低成本,节省政府开支,提高政府的工作效率。第三,电子政府。推动政府办公自动化、网络化,不仅政府内部可以形成局域网直接连通,而且各级政府之间也可相互连接起来,实现资源共享、信息互通。在内容上,涵盖政府日常管理事务、政府行政事务和有关政府内部工作流程、体制形式、权力关系以及官员间所形成的权限模式等。第四,政府部门重构。随着"信息高速公路"的发展,传统的政府工作模式受到很大的挑战,必须通过上网改革政府的工作流程,使之更加合理化,提高工作效率。第五,公众参与。老百姓可以通过网络渠道来发表自己的意见,参与有关政策的制定,甚至给国家领导人发电子邮件。这是信息产业发展的方向,是民主化进程中的重要一步,是信息技术发展为人类进步服务的更高阶段。

政务所赖以存在和运行的环境是虚拟化、信息化和网络化的。由于任何一项政务最终必定会产生一定的、真实的、物质化的输出结果,因此,电子政务的本质在于:通过使用电子和信息手段,扩大政府活动的领域,使政府活动从原来单一的实体环境,延续到另外的虚拟环境,从而增加了政府行政的空间和资源，使政府行政输出，从直接的实体输出，增加为实体输出和虚拟输出两个通道。它是相对于传统政府在行政和管理方式或手段上的变革，即从根本上改变传统政府的行为方式，使政府运作和管理业务技术化、网络化、信息化，从而将大幅提高政府办事效率。换言之，传统政府与电子政府的主要区别是：传统政府的组织结构是垂直化分层结构，注重实体性、区域性，习惯于集中的、实体性的管理；电子政府由于通过网络，使组织结构更趋于扁平化的辐射结构，注重于虚拟性的系统程序管理。

信息技术的应用在促进政府行政现代化、民主化、公开化、效率化方面，起着十分重要的作用。对政府管理的理念、政府治理的结构、政府程序和工作流程、政府政策和政策制定都产生了重大的冲击。而电子政府的建立，使传统的科层组织朝着网络组织方向发展，打破了地域、层级、部门的限制，促使政府组织和职能的整合；促使政府的运作程序和办事流程更加简明、畅通，节约了人力、物力和财力资源，提高了政府机关的办事效率。这些均对政府工作效率的提高，起着巨大的推动作用。

最后，是社交网络的普及。随着信息技术的发展，人们的交往方式和沟通方式发生了全方位的变化，社交网络逐渐走入了人们的生活。互联网络是一个虚拟的空间，它的方便、快捷、灵活等多种优点，拓展了人们的知识面，给人们提供了遨游信息海洋的广阔空间，改变了人们传统的思维方式和行为方法，对人们的生活给予了极大的帮助，我们坐在家里就可以浏览众多的网上图书，可以走遍世界的各个国家。特别是近年来，随着智能终端的出现，更加凸显了社交网络的方兴未艾。它在人们生活中的位置，已经显得越来越重要了。

社交网络可以分为四大类：一是以个人为主体的自我社交网络，主要是个人网页、个人博客、个人播客等，是以突出个人身份为主体的网络应用。这类网络以展示个人创造力或艺术为主。二是以共同爱好、共同的价值取向为纽带所连成的群体，或者是同一种族、同一民族或同一阶层的群体所结成的社交网络，有点类似于传统社会中的社团。这些网站的用户，一般都有很强的归属感。三是具有一定专业性的社交网站。这类网站具有很强的专业性，人们可在这类网站上进行相关专业问题的交流，如只关注财经内容的财经网站。四是以分享媒体内容为主的社交网络。信息技术促进了创造性交流。虚拟物品可以进行无数次修改，并很快提供给所有人。虚拟物品的出现，促进了集体工作和学习。社交网络中所使用的BBS、微博等社会化软件，更是极大地改变了人们传播、交流信息的方式，信息的传播从未像今天这么迅捷、强大，知识的融合和创新的速度正在发生一日千里、日新月异的变化。

信息技术的发展，使信息资源的载体、处理手段等信息的存在环境和条件也都在发生前所未有的变化，并有加速的趋势。这种趋势，促使信息组织的对象、形式和内容都在发生着根本性的变异。以纸介质为主的信息记录和组织方式的重要性正在下降，信息组织的中心点正向网络信息资源和电子介质转移。人类信息活动正从以纸介质信息为中心转向以电子媒介为中心，推动着信息组织和信息利用由传统方式向现代方式转变。

2. 信息技术的未来。

如前所述，现代信息技术包括微电子、计算机、通信等。从未来发展来看，计算机技术和通信技术将不断融合，而通信技术的网络化、数字化和宽带化将是未来的主要发展趋势。首先，计算机技术和互联网的不断进步，将会促使通信技术逐渐脱离传统的通信交流方式，转而依托以计算机或移动设备为中心的网络通信，从而提高通信效率和通信的安全性。这种贴合人们需求的通信方式，在未来将会有很好的发展前景。通信技术的网络化，也必将带动信息技术整体的网络化。其次，数字化可使许多复杂多变的信息转变为可以被量化的数字、数据，再以这些数字、数据建立适当的数字化模型，转换成计算机可识别的代码，进行统一处理。目前，云计算、物联网以及大数据技术逐渐进入了实际运用阶段，越来越多的海量信息，可以得到有效及时的处理。计算机处理的信息量不断增加和并行处理信息的实现，意味着数字化发展将是大势所趋。最后，宽带化是信息快速传播的重要保障，如同高速公路一样。未来信息的传输技术将向高速、大容量、长距离发展。

另外，计算机智能化的程度，也伴随着技术的突飞猛进而得到不断改进，语音识别、指纹识别和人脸识别就是其智能化的突出表现。在未来的发展中，计算机的智能化程度将会进一步的提高，它将会代替人类进行网购，甚至在微波炉中自动下载食谱，帮助人类进行烹饪等。

（二）互联网技术发展与推广应用

互联网的诞生，社会科技、文化和经济的发展，特别是信息技术的不断进步，致使人类社会从工业社会向信息社会的过渡趋势越来越明显。互联网应用发展到今天，它早已不再是专业计算机工作者和军事部门进行科研的一股溪流了，而是变成了信息资源开发和使用覆盖全球的，一个信息的海洋。连接全球的互联网上的资料、信息，数不胜数；信息生成的速度之快，快过你找到信息，快过你拿到信息，快过你记住信息。遍布世界各地的信息资源，已可以不受时间、空间的限制，高速度地分享。如今的互联网，已成为实现信息交流、共享的重要工具和手段。

1. 国际互联网发展历程。

如同所有的技术产生一样，互联网也是基于各种各样的因素促使人们探索它。互联网是由一些使用公用语言互相通信的计算机连接而成的全球性网络，即广域网、局域网及单机按照一定的通信协议组成的国际计算机网络。互联网是一种公用信息的载体。

互联网经历了三个发展阶段：

第一阶段：1969~1994年，为社会化应用的试验阶段。在这个阶段，互联网由政府出资，用户免费使用，网络规模小、速度低。主要应用于文件传输和电子邮件，操作比较复杂，用户只局限于科研部门或者专业人士。

第二阶段：1994~2001年，为社会化应用的初始阶段。在这个阶段，互联网以网络扩大、用户增加和大批网站的出现为特点，主要应用于网页浏览和收发电子邮件等。这个时期，互联网的潜在商业价值被普遍看好，吸引了众多投资者，但由于商用初期，未能迅速找到有效的盈利模式，过度的投机行为最终导致20世纪末全球性"网络泡沫"的出现与破灭（见表1-1）。

表1-1　　　　1994~2001年世界互联网发展标志性事件

时间	事件
1994年	美国允许商业资本进入
1995年	基于TCP/IP技术的主干网的经营权转交美国三大私营电信公司，互联网进入商业应用时期
1996年	全球1 200万主机接入互联网，建立50万万维网（World Wide Web，www）网站
1999年	第一家网上银行在美国印第安纳州正式营业

第三阶段：2001年至今，为社会化应用的发展阶段。随着"网络泡沫"的破灭，互联网发展进入相对稳定的阶段。在互联网规模和用户数量持续增加的同时，互联网开始向更深层次的应用领域扩张。电子商务、电子政务、远程教育等网络应用日渐成熟。

2. 我国互联网发展历程。

自20世纪80年代中期，互联网在中国也经历了三个发展阶段。

第一阶段：1986~1995年，互联网在中国的启蒙和全面建设时期（见表1-2）。

表1-2　　1986~1995年中国互联网发展标志性事件

时间	事件
1987年	北京大学的钱天白教授向德国发出第一封电子邮件，当时中国还未加入互联网
1991年	10月，在中美高能物理年会上，美方发言人怀特·托基提出把中国纳入互联网络的合作计划
1994年	3月，中国终于获准加入互联网，并在同年5月完成全部中国联网工作
1995年	5月，张树新创立第一家互联网服务供应商——瀛海威，中国的普通百姓开始进入互联网络

1994年4月20日，中国用64kb/s专线正式介入互联网，人们通常把这一天作为互联网进入中国的一个节点。

第二阶段：1996~1999年，互联网在中国的快速发展阶段（见表1-3）。

表1-3　　1996~1999年中国互联网发展标志性事件

时间	事件
1996年	1月，中国电信筹建的全国骨干网CHINANET正式开通提供服务
1997~1999年底	互联网用户急速增加，互联网用户从67万人发展到890万人
1999年	中国招商银行率先在国内启动"一网通"网上银行服务

第三阶段：2000年至今，为网民数量的剧增阶段，这个阶段是互联网的应用和普及期。中国网民数量从第1次《互联网发展状况统计报告》所显示的62万人（1997年），到今天已经超过7亿人，平均每年新增网民数量近4千万~5千万人。互联网

普及程度逐年攀升，2016 年底达到了 53.2%。①

3. 从 Web1.0 到 Web3.0。

从 Web1.0 到 Web2.0 时代，是互联网发展过程中的一个里程碑，它使信息交流从根本上得到了改变。人们从一个被动接收信息的"读者"，转变为主动参与网络内容建设的"作者"，成了网络社会的主体，从而释放了网民的创造潜能，带来了一种全新的生活方式。其核心特征是虚拟与现实更加紧密地融合，共同运作人类社会的态势和进程。

Web1.0 时代是以编辑为特征的。就网页而言，网站所展现的内容模式是静止的、单向的。网站提供给网民的，是网站编辑进行编辑处理后的内容，网民被动地接受。中国在 Web1.0 时代的代表站点为新浪、搜狐、网易三大门户。

Web2.0 与 Web1.0 最大的不同之处在于它的交互性。在 Web2.0 时代，强调网站与网民之间的互动。很多网站的一些内容是基于网民提供的，网站的诸多功能也由网民参与建设，实现了网站与网民之间双向交流与沟通。由于网民参与度的不断提升，使他们有了更多的主动权和话语权，因而所起的作用也越来越大。另外，Web2.0 可以直接参与制作和发布内容，也可以把自己撰写的文章放到个人博客上，把录制的视频放到个人播客上。每个网民自身辐射出一个私有的可信赖的社交网络，无论是一维还是二维，都与每个网民相关。他们贡献内容，传播内容，而且提供这些内容之间的链接关系和浏览路径，如"博客中国"等。

如上所述，在 SNS 中，内容是以用户为核心来组织的。然而，尽管 Web2.0 技术为人们带来了交流上的便利，也引发了一些负面的东西。有专家认为，Web2.0 革命催生了用户生成的内

---

① 中国互联网络信息中心：《第 39 次互联网络发展状况统计报告》，2017 年 1 月。

容,威胁到了文化把关人。专业评论员、记者、编辑、信息方面的专家等,被业余的博主、蹩脚的评论员、非专业人员所取代。不可信赖的新闻和无用信息扰乱了网络社会的秩序。笔者认为,这或许就是新技术产生之后所带来的必然后果。

继Web2.0之后,Web3.0时代的来临使网络技术进入了一个新的发展阶段。如果把Web1.0时代的网站比作别人家——我只是看看,是陌生人;Web2.0时代的网站比作朋友的家——有人和我聊聊,是客人;那么Web3.0时代的网站是你我的家——吃喝买卖随己,是主人。Web3.0下的整个网络更加体现了智能、快捷和个性等特征,它就像一个巨大的"脑",能够提供"想用户所想、集用户所求、予用户所需"的"人性化"服务。①

4. 我国移动互联网的发展与应用。

移动互联网是人们对技术需求不断提升和网络个性化要求的必然产物。随着互联网和通信技术的飞速发展,移动互联网正在逐渐地应用于不同的领域。移动互联网是移动通信和互联网二者结合的产物,它叠加了移动通信随身、随时、随地和互联网开放、共享、互动的优势。这种优势,决定了它一问世就得到了社会各界人士的青睐,发展迅速之快,是任何预言家都未曾预料到的,用户数量日益庞大。截至2018年6月,我国手机网民规模达7.88亿,占网民总数的98.3%。

由于移动互联网是综合了移动通信和互联网优势的"升级版",因此具有鲜明的个性特征,不仅包含无线接入和互联网内容服务,而且将互联网空间拓展至世界的每一个角落,即不再局限于家庭或办公室的台式计算机上,而将互联网延伸至笔记本和任何移动终端上,包括手机、Pad、数字媒体播放设备、便携式游戏终端等,从而真正地实现了人类沟通和数字化生产的空前释

---

① 刘琼、任树怀:《论Web3.0下的信息共享空间》,载于《图书馆》2011年第2期。

放。它的特点主要包括几个方面：一是上网更加便捷。跨越时间与空间的限制，是传统互联网和移动互联网共同拥有的特点，而移动互联网在跨越空间的限制这一点上，显得更为突出。通过移动终端设备，在任何地方都可以获取互联网所提供的各种信息。但在上网方式上，并不等同于传统互联网，也不是它的延伸，在网络建设与应用上，两者虽然有联系，却有着根本区别。二是设备的多元化。移动互联网适应于一系列便携设备，基本设备除笔记本之外，还包括智能手机、掌上电脑等移动终端设备。三是多方位互动的灵活性。移动上网的终端体系，决定了终端之间的访问，即可以是移动设备对移动设备，也可以是移动设备对传统的计算机设备。不同体系设备之间的交互访问，决定了应用的丰富性远甚于传统互联网。移动互联网只适应于小数据传播，因为与其相匹配的移动设备硬件体系决定了这一特性。

移动互联网无论从应用场景、数据收集，还是从其对于各种各样的实体的把握和控制来讲，远远大过传统互联网。自2010年开始，移动互联网这个概念，已经走向了人们的日常生活，彻底改变着人们的生活方式。如2001年11月10日，中国移动通信公司的"移动梦网"正式开通，手机用户可通过"移动梦网"享受到移动游戏、信息点播、信息传播、移动办公等服务。

在移动互联网向所有领域蔓延的过程中，移动互联网每渗透一个领域，就会对这个领域或行业进行完整的再造重构，进而逐步改变整个生态环境。随着覆盖全国的3G网络建设的加快，2013年，4G商用牌照终于发放，年末北京人已经可以用上4G网络。如今在移动互联网时代，移动信息化的行业应用越来越受到重视，移动政务也得以蓬勃发展。

总之，每次技术革命都会推动社会的进步与发展，而互联网是一个开放和创新的领域，它的普及和发展，不仅引起了一场相关的技术革命，特别是图形界面的出现，改变了以往的字符界面，拓展了原有的软件基础。互联网和通信标准TCP/IP的运用，使得人们即使在不同操作系统和应用软件的环境下，无论所使用的终端设备处于地球的哪一个地域上，都可以彼此交流信息。同时，互联网上所使用的超文本语言，给所有的计算机提供了一个在网页显示信息的共同语言，从而使人们即便使用不同终端设备，信息交流也不再存在障碍。

互联网是一个信息更新、传播最快的平台，在这个平台上人们可以获得任何所需要的信息，而这种趋势会随着智能终端的出现变得更加突出。

互联网的开放性、广域性、自由性和平等性，使人们真正体会到了信息公开与信息共享。网民通过互联网获取信息，那种个别机构独享信息、控制信息的现象已不复存在。更重要的是，人们可以借助社交网络等平台参政议政，对政府的政策、措施等发表观点和看法。随着信息及互联网技术不断的发展，必将给社会带来更多的变革与发展。

二、认知网络社会

（一）何谓网络社会

1. 什么是社会。

首先，我们谈一下什么是社会。马克思指出："社会——不管其形式如何——是什么呢？是人们交互活动的产物。"我国学者对"社会"这一概念也有多种定义和解析，社会是指特定土地上人的集合；是指为了共同利益、价值观和目标的人的联盟；社会是共同生活的人们，通过各种各样的社会关系联合起来的集合，其中最主要的社会关系包括家庭关系、共同文化和传统习俗等。从微观上讲，社会强调同伴的意味，并延伸到为了共同利益而形成的自愿的联盟；从宏观上讲，社会就是由长期合作的成员通过发展组织关系形成的团体，并形成了机构、国家等各种组织形式。还有学者认为，"社会是人类生活的共同体。马克思主义认为，社会在本质上是生产关系的总和，它是以共同的物质生产活动为基础而相互联系的人们的有机总体"；只有具体的社会，没有抽象的社会；具体的社会是指处在特定区域和时期内，从而享有共同文化并以物质生产活动作为基础，按照一定的行为规范相互联系而形成的有机总体，构成社会的基本要素有自然环境、人口和文化。

综观以上对社会所下的各种定义，概括地讲，社会这一概念的核心内涵主要指的是人们在特定环境下所结成的关系。"社会的本质既不是在整体、也不是在个人之中，而只能在人与人的关系、个人与整体的关系中去寻找。"社会不是由单个个人简单地相加起来，而是人们相互交往的产物，是人与人在相互联系和交往中所结成的全部社会关系的总和。由于人们的交往最重要的是在生产、分配、交换和消费过程中发生的经济交往，所以，人们之间的最基本的、决定着其他一切关系的是生产关系，它是社会所有关系中的基础和本质；而所有这些社会关系都是客观的、不以人们的意志为转移的客观物质关系。

2. 什么是网络社会。

曼纽尔·卡斯特认为网络的形式将成为贯穿一切事物的形式，正如工业组织的形式是工业社会内贯穿一切的形式一样。网络形式是一种社会形式，而非技术形式，没有网络科技即无从存在。这就是网络社会。①

网络社会是人类利用互联网构建的一个虚拟世界，在这个虚拟世界中，人们利用互联网技术所进行的一系列实践活动，形成了独特的社会结构特征与运行机制。它是人类社会发展到信息化

---

① 中央电视台大型纪录片《互联网时代》主创团队著：《互联网时代》，北京联合出版公司 2015 年版。

时代的一种社会形态，是现实社会一种新的存在形式，本质上是社会和个人生存与发展的利益需求场域的拓展。

社会是人们在生产、生活过程中所结成的相互关系，网络社会同样也是人们交互作用的产物，它不会脱离现实社会中人的基本特征和存在要素。构成社会的要素，除了一定数量的人及人与人之间的各种各样的关系外，还必须要有其所包括的人的生存、活动、交往、相互影响的相对固定的生存生产场所、地域，一定发展水平的生产工具、生产对象，生产生活的交通交往工具、语言文字，生产生活的规章制度、风俗习惯、文化理论等。

在网络社会中，人们的交互活动不是发生在物理空间即现实空间，而是发生在由互联网所构成的虚拟空间。人们的相互沟通，不是采取面对面的直接作用方式，而是在计算机技术和通信技术的支持下，通过各种不同符号间的相互作用，以人机对话的方式进行，即人—机—人的交互方式，以数字信息关系为纽带，通过数字化的信息交往与互动而结合形成的人类共同体。

近年来，基于互联网所构建的网络社会问题引起了国内国际学者的广泛关注和研究，并对网络社会做出了不同的解释。第一种解释：网络社会是指高科技的网络信息时代，把意识形态中的社会结构以数字化形式展示出来。第二种解释：网络社会是以现代计算机网络为基础和框架，人们以虚拟方式在其中展开活动而形成的社会关系体系。第三种解释："网络社会"是一个基于互联网技术发展而产生的具有独特"实在"的社会场域，是作为转型社会的信息化社会的产物。第四种解释：网络社会是在网络空间中所形成的一个全新的社会，是现实的和想象的虚拟化的产物。以上四种解释，虽然说法不同，但都阐明了构成网络社会的两个主要部分：其一，网络社会是以计算机网络为依托的；其二，网络社会是现实中人与人之间社会关系的反映。

（二）网络社会的基本特征

网络社会是依托于互联网技术而形成的。因此，它不仅涵盖了互联网本身所具备的开放性和互动性等特点，还涵盖了作为一个社会形式所具备的特点。主要有以下几点：

第一，虚拟与现实的二重性。从技术层面来看，网络社会所依托的互联网构建的社会是一个非真实的社会，人们赖以进行活动的空间是一个虚拟空间，所以它具有虚拟性。如人们在互联网空间的存在是虚拟存在，人们的活动是虚拟活动，人与人之间的关系是虚拟关系等。同时，作为网络社会中的主体——人，却是真实存在的。

第二，开放与互动性。开放、超时空是网络社会最显著的特点之一。现代通信技术打破了现实社会互动中对地理地域条件的依赖，使人们即便远隔千山万水，也可以瞬间实现跨地域的沟通与互动，拓展、延伸了人们社会交往的范围和空间。网络社会中所应用的技术，主要包括 Web 技术、文件传输技术、即时通信技术、仿真技术等，它承载了人们在一个开放空间的所有活动，突破了传统意义上的地域和空间上的界限。同时，也跨越了国家和民族的区隔，形成了"一个不存在中心控制点和中央控制全球开放的空间。"世界真正成了"地球村"。网络社会中，不同成员可以根据自己的喜好在不同的虚拟区域间自由流动。作为与现实社会的一个明显差别，网络社会的人际交往是通过在不同社区、论坛、邮件、聊天室上交换信息实现的，成员与社区间每一次交流都强调互动。

第三，广域与平等性。网络社会中，人与人之间的关系是一种陌生关系，不同于现实社会中的人际关系模式和交往模式。因此，很多现实社会中的限制与约束相对弱化，社会等级和社会阶层等概念也趋于消弭，任何人在网络社会中都可以自由出入，完全取决于个人的意愿。网络社会中的每一个人都是一个节点，不会因为职业、年龄、学位、级别等构成交流和沟通的障碍。

第四，结构独特和管理自治。网络社会中，人们往往依据自身的兴趣、爱好等价值取向交换信息、宣泄情感，并结成相对稳定的虚拟群落。正是具有这种超越空间、超越现实社会等级身份交换信息的功能，决定了其在结构上，表现为群体之中没有明显的核心。与传统的社会管理方式不同，网络社会的管理，主要依靠成员的自治与自律。

（三）网络社会的起源与形成

网络社会的产生，为人类生存和发展提供了新的空间，改变了社会结构，形成了与传统社会并存的社会存在的新形式；改变了人类的生存方式和活动方式，形成了人类的虚拟生活方式；改变了人类思维的社会基础，形成了人类的虚拟思维方式。所有这一切，与科学技术的进步密不可分。"技术就是社会，而且若无技术工具，社会也无法被了解或在线。"[①] 从形式上看，网络社会的发展过程往往与互联网的发展过程趋于同步。

网络社会的起源，要归于计算机和互联网技术的兴起，它们为虚拟人和虚拟空间提供了条件，是网络社会的已构成的必要基础。互联网技术的飞速发展和普及，使得一个建立在互联网技术平台上的新的社会形式——网络社会，快速形成。网络社会最初的形式，是基于Web1.0技术，通过浏览器获取信息。最具代表性的应用，主要有电子邮件和早期的BBS（电子公告栏）。这种应用的出现，给人们交流带来标识性的变革。但是，电子邮件还仅限于点对点的交流，而BBS则扩大了范围。人们通过这种网络论坛的方式，传递消息、交友招聘、交流思想，逐渐形成了各式各样的BBS主题群。之后，又产生了各种聊天室，组建了类似古代"城邦"式的社会，由版主来管理虚拟空间的秩序。自

---

① ［美］曼纽尔·卡斯特著，马铸九、王志弘等译：《网络社会的崛起》，社会科学文献出版社2006年版。

此，基于互联网的虚拟空间，出现了人群居式的生活方式，每个人只要拥有一台计算机、一个"猫"和一根电话线，就能够进入"e时代"，成为一个虚拟人。

Web2.0技术的应用，使人们通过虚拟空间所构建起的联系和关系，越来越紧密。当这种相互作用的频率达到一定程度时，便构成了人们活动的网络社会。德国社会学家齐美尔说"当人们之间的交往达到足够的频率和密度，以至于人们相互影响并组成群体或社会单位时，社会便产生和存在了"。随着信息网络技术进一步发展，这种互联网络发展成为真正意义上的"社区式"社会。社区式网络社会，是在原始城邦式的互联网络社会基础上发展起来的新的社会形式，它不再是简单地将BBS、聊天室、各种论坛等聚合在一起，而是一个功能较为齐全的社会。产生了虚拟生活、学习、工作模式，如有市场信息、时尚生活房屋租赁等版区，还有银行、学校、报社、娱乐场所等，一个真正意义上基于社会生存和发展的互联网络社会形成和发展起来了。网民既是网络内容的浏览者，也是网络内容的制造者。特别是博客、即时通信等技术的应用，增加了个人之间交流的即时效果，同时也增加了社交功能。博客开始体现信息发布节点越来越强的个体意念。

（四）我国网络社会的现状与发展趋势

网络社会始终伴随着技术的发展而发展，它与传统社会类似，都是人们的相互行为共同构成的社会统一体，都是在传递信息中联系起来的，都必须通过人的"意识过程"才能够成为统一体。从单纯获取信息到发布信息、发表评论，传播思想，人们通过互联网进行交流和碰撞，产生思想火花，甚至忘却了网络作为机器的存在，而把其作为自己融入社会的一个特殊平台。网民的使用模式，从被动接受到主动参与，逐渐成为网络社会的主体。

社交网络的出现推动了网络社会向现实世界无限的靠近。如果说网络社交的起点是电子邮件时代，仅满足人们5%的社交需求，那么今天丰富的社交网络已经可以把这个数字至少提升10倍以上，网络社交已经开始承担大部分传统社交的作用。人们可以更容易在全球找到和自己有共同兴趣的人，更容易达到不同组群之间的理解和交流。现在的网络社交平台更是把范围拓展到移动手机平台领域，使手机成为新的社交网络的载体，让网络社会拥有更广的维度，更大的活动群体。

1. 网民数量呈上升趋势。

网民是网络社会得以存在的基本元素。随着我国互联网的发展和普及，网民数量也以惊人的速度持续增长。2018年第42次中国互联网络发展状况统计报告显示，截至2018年6月底，中国网民数量达到8.02亿人。① 其中城市网民与农村网民比例差别较大，我国网民中农村网民占比26.3%，规模达2.11亿，较2017年底增加204万人（如图1－1所示）。

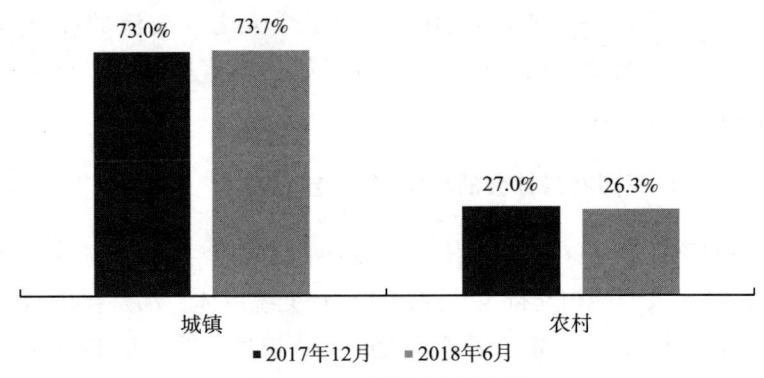

图1－1 中国网民城乡结构

资料来源：中国互联网络信息中心（CNNIC）：《第42次中国互联网络发展状况统计报告》，2018年7月。

---

① 中国互联网络信息中心（CNNIC）：《第42次互联网络发展状况统计报告》，2018年7月。

移动通信3G、4G技术的商用,手机功能的不断扩展和完善,给人们生产生活方式带来了便利和新的选择。用户可以通过手机,随时随地完成互联网上的各种操作,如手机阅读、手机报纸、手机社交、手机购物、手机银行、手机支付等。据权威统计资料显示,2018年,我国手机网民规模不断攀升,通过手机上网的网民数量,已超过了其他终端上网的网民数量(如图1-2所示)。

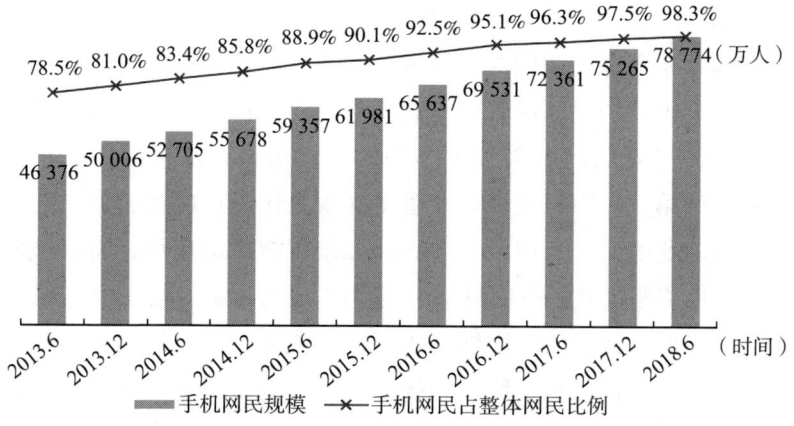

图1-2 中国手机网民规模及其占整体网民比例

资料来源:中国互联网络信息中心(CNNIC):《第42次中国互联网络发展状况统计报告》2018年7月。

根据中国互联网信息中心统计报告显示,我国网民以少年、青年和中年群体为主。截至2018年6月,10~39岁群体占总体网民的70.8%。其中20~29岁年龄段的网民占比最高,达27.9%;10~19岁、30~39岁群体占比分别为18.2%、24.7%,30~49岁中年网民群体占比由2017年末的36.7%扩大至39.9%,互联网在中年人群中的渗透加强。以上统计数据,展示了网民数量逐年增加及网民主体的基本状况,说明网络社会群体成员正在逐渐扩大,特别是农村网民数量的增加。这意味着,中国网民结构正在发生变化,以往网络社会以城镇居民为主体的格局被逐步打破。

2. 支撑技术的发展态势。

(1)互联网新趋势。中国综合国力的逐步增强,使我国在互联网领域的话语权得以不断提升。从互联网基础资源层面来看,将会打破美国独大和"一言堂"的局面,中文域名的出现,如".cn"将用".中国"来代替域名体系,改变以欧美国家为主导的互联网格局。这种格局改变,对基础层的管理提出了新的要求和挑战。由于互联网是多维的,涉及到方方面面,需要划分很多体系来管理。中国的互联网管理体系与欧美不同,为此建立适应我国国情的互联网管理机制十分必要。目前,工业和信息化部修订的《互联网域名管理办法》即将出台,从根部建立了网络安全的第一屏障,使域名监管更加规范化。在应用层面,随着大数据时代的到来,以及云计算和二维码技术的应用,将打破原有的信息资源壁垒,使信息整合与共享成为可能。特别是二维码的广泛应用,是移动互联网的主要入口之一,它可以将人、移动设备、地理位置信息、线上和线下,天然地结合到一起。在智能手机极度发达的今天,为二维码的推广创造了天然的机会。

(2)智能化技术的应用。近年来,我国移动互联网发展态势良好,各应用领域网民规模均保持一定增长。智能手机、移动终端等智能设备的出现,致使微信用户也在逐年增加。人们通过智能手机进行交流沟通、信息获取、手机支付、手机游戏和娱乐等已经成为时尚。

(3)移动互联网发展对人们行为产生的影响。北京、上海、广州等多座城市均宣布要建设"无线城市"。移动互联网技术的发展和移动互联网创新的热潮已经到来。公众,特别是广大网民增强了对移动互联网的兴趣,提升了手机网民的使用黏性。4G的快速普及和无线网络的覆盖,为手机上网奠定了用户基础和网络基础,在促使更多用户便捷上网的同时,也提升了各项上网体验,尤其是基于真实生活需要的手机地图、购物、支付等应用,满足了手机网民多元化生活需要。

(4)即时通信技术被广泛应用。传统社会中,人们通过语言、文字等方式进行沟通;而在网络社会中,人们通常采用各种互动平台进行沟通。以 QQ、微信为代表的即时通信平台,为人们在网络社会中的交流提供了方便。

从整体来看,即时通信行业发展已历经多年,运营商凭借在市场中长期积累的经验,越来越了解用户的需求,通过不断对产品功能进行更新,开发特色应用技术,增强了在网民中的渗透。当人们对产品形成固定的使用习惯后,不易流失的特性提高了网民的黏性。从手机端来看,即时通信的移动化、碎片化和随时在线的特点,更好地满足了网民的需求,使手机即时通信用户规模大幅增长。在手机即时通信工具中,专为智能化设计的新型手机,即时通信工具中视频和语音通话的引入,必将为产品带来更大的竞争优势,并吸引越来越多的公众成为网民。

此外,新型手机即时通信逐渐从单纯的聊天工具发展为一个开放平台。第三方开发者可将应用接入平台中,利用网民的社交关系,得以快速传播。未来,我国改革开放的力度、深度和广度会进一步提升,必将会有越来越多的第三方应用整合其中。根据经济学供求关系理论,网络社会中不同群体在互动过程中,也会创造出更多的需求,从而进一步促进技术的不断发展。技术的发展又为人们提供各种更加便捷的交互工具。二者是一个相互促进的过程。

三、网络社会的现实性

(一)网络社会"版图"

网络社会与传统社会共同构成了现阶段存在的一种社会的统

一体,但它与现实"物理"存在的社会结构和形态有许多不同点,其最为明显的,是它突破了现有的国家概念中所特有的"地理"和"边疆"的界限,构建了一个没有地域的"虚拟共同体"。正如托马斯在《世界是平的》一书中所阐述的那样:"我们将各个知识中心同一到了一个单一的全球网络中"。人们可以很方便地利用计算机或移动终端等通信媒介相互交往,实现在传统社会中需要跨地域甚至跨国界才可实现的梦想。因此,网络社会已经打破了物理形态上国家与国家之间"版图"的概念,通过互联网络,世界正在形成一个没有边界、没有国土面积的"地球村"。同时,网络社会又是一种崭新的社会形态,是人类通过技术发明延续自己、发展自己、丰富自己的崭新的生存空间。在这个空间中,人们改变了传统的商业模式、信息沟通方式,以及信息的产生和存储方式,拓展了人与人交流与交往的空间界限。网络社会使人类的时空概念发生了根本的转变,对人们认知的社会及所依赖的学习环境、生活环境和工作环境都产生了巨大的冲击和影响。

(二)网络社会的空间构成

作为与传统社会共存的网络社会空间,它是由若干个体或者称之为节点的终端设备而建立起来的一种联机关系。这种关系的建立,形成了一个共同体,是上网者能够与不同时空的其他人彼此互动的场域。我们可以将这个空间分为三个层面,即技术层、管理层和应用层。

第一,技术层是网络社会的根本。如同传统的人类社会,如果没有地球,人类社会也不复存在。因此,技术层是网络社会得以存在的基础。它主要包含几个方面,首先是保证人们在互联网上能够进行正常交往的标准,如 TCP/IP 通信协议,它是互联网的基础,如果没有这种标准,网民将无法在网络社会中进行互动和沟通。TCP/IP 等通信协议,与传统社会中人们书信往来的通信地址格式相类似，TCP 指向目的地，IP 则是本节点地址。其次是存储技术。社会的运行需要信息支撑，如果没有信息，人类将无法进行交往，甚至难以生存。在这里，人们可以直接对存储空间进行管理和控制，随时获得所需要的信息，特别是云存储技术的出现，给人们在实现信息存储功能上带来了更大的便利。云存储以数据存储和管理为核心。简单讲，云存储就是将储存资源放到"云"上供人存取。人们可以在任何时间、任何地方，通过终端设备连接到"云"上方便地存取信息。最后是语言。人们在社会交往过程中，除了获取信息，另外一点就是语言。网络社会形成的初期，人们交往主要通过电子邮件，用一些简单的字符来表达彼此的观点、情绪、情感等。而超文本标记语言（HTML）的出现，使人们在情感表达上更加丰富了。通过"超文本"，人们可以制作个人网页、传播照片、视频等内容。以上三个方面知识，支撑互联网运行部分的基础技术和标准。

第二，管理层是连接技术层与应用层的中间环节，既包括了对技术的管理，也包含了对网络社会的管理。互联网的运行，除了需要技术保障以外，还需要管理与协作。我国在互联网技术管理方面正在日趋完善，政府出台了很多相关政策和规定，如网站域名管理办法等。对于网络社会而言，不仅拥有传统社会特性，同时还拥有网络社会自身的一些特性。就网络舆论来说，网络社会使每个成员都成了信息中心，每个人都有自己的主张，他们在虚拟空间中处于一种游离的状态，属于活跃的原子群体。对于这些游离的原子群体，只能通过多种治理方式，才能够促进网络社会的良性发展，而不能简单地采取强硬的管理方式。这部分内容将在以后章节进行详细阐述。

第三，应用层是人们进行社会活动的虚拟空间。尽管网络社会是模拟传统社会的一个场域，或许还含有一些想象空间，但它是一个特殊的空间平台，人们的各种欲望和内心的期待都会通过这个平台进行沟通与表达。这个平台通过不同的网站类型，构成网络社会的环境：

一是政府门户网站。该类网站始于 21 世纪。2002 年，国务院成立国家信息化领导小组，提出了"以信息化带动工业化""大力加强电子政务建设"的方针，电子政务建设进入了一个崭新的阶段，各级政府纷纷建立门户网站，并得到了进一步的完善。它与百姓之间建立了互动交流的窗口，特别是政务微博的应用，拉近了与百姓的距离，在网络社会中充当了一个不可或缺的角色。

二是电子商务网站。这类网站打破了传统的商务模式，把现实社会中客户的需求信息、商家信息以及交易过程中的资金流和部分物流完整地在网上实现。最具代表性的，如淘宝网、亚马逊等。人们在这些网站中进行商业活动，在虚拟的商业环境中，客户可以不再受地域和时间的限制，并以更加简捷的方式完成传统社会中较为繁杂的商业活动。从查询商品信息，选择商品，到货款支付，均可以在短时间内完成，大大降低了时间成本和资金等。同时，企业对客户的服务质量也获得了很大提高。另外，企业在这些网站中，还可以获得大量的人脉资源开发和沟通，从业时间也比较灵活，真正做到了商业模式的虚拟化。

三是社交网站。该类网站是网络社会中跨时空属性最为突出的网站，它把不同地域的人群聚集起来。如"天涯社区"就是一个很有影响力的社区网站。已经成为以论坛、博客、微博为基础交流方式，并提供系列化功能服务，以人文情感为核心的综合性虚拟社区和大型网络社交平台，截至 2018 年 8 月，"天涯社区"注册用户数已达 1.37 亿。

除以上这些网站类型外，还有搜索网站、游戏网站和一些综合性网站等。他们共同构成了网络社会平台。

（三）网络社会中的生产力与生产关系

尽管在时空上，网络社会为我们呈现了一个与传统社会完全不同的社会形态，但它也具有传统社会中所存在的社会运作方式，即生产力和生产关系的相互作用。网络社会运作方式，不是简单的对传统社会的复制、移植和虚化，而是一种基于数字化的、特殊的社会形态。因此，在虚拟空间中，人们运用数字化信息认识、改造和创造网络社会。一些学者把它称之为网络社会的生产力。如同传统社会中生产力三要素一样，网络社会中同样也具有虚拟实践者、数字化信息和虚拟时间对象三要素，主要体现在数字化信息生产力各个要素的集合过程中。[①] 在网络社会中，人们在不断产生信息的过程中，直接或间接地参与着网络社会的不断更新与改造，而在这种数字化生产力，在彼此的相互作用中形成了静态或动态的生产关系。静态的生产关系体现在产生数字化信息过程中的地位或角色，以及信息交流过程中的相互依赖关系等。而动态的生产关系主要体现在网络社会中信息的生产、传播、利用等环节上所形成的各种关系，如信息的生产关系、传播关系和利用关系。

  网络社会的形成过程，就是主体不断创造与超越传统社会的过程。尽管网络社会的出现是以传统社会本身所具有的客观物质属性为基础，它并没有创造出一个能够与传统社会相并列的真正的物质社会，但这并不表明网络社会就是完全依附于传统社会的，它是人类实践不断超越传统社会，打破了人的思维和行动局限的创造性产物。但也不能否认，网络社会的发展是依赖于传统社会发展的。人们之所以能够自我创造一个网络社会，最重要的原因就是传统社会提供了实际可行的手段、条件和需要。同时，为了促进传统社会的发展，人们不满足于对传统社会的直接把握，而辅之以对网络社会超越性掌控，这使得人类主体的社会性与共同性得到了一种空前的伸延与扩展。

---

① 曾令辉：《网络社会人的发展研究》，人民出版社2009年版。

第二章

网络社会对现实社会的多重影响

网络社会的出现极大地改变着世界的面貌,影响着人们认识世界和改造世界的途径和方式,甚至影响着人们的日常生活方式。但就虚拟世界本身来说,它是人的一种意识创造活动,这种意识创造活动是以客观现实为模型的,并推动着客观现实社会的发展。同时,它又是以人的观念行为为前提的。因此,在观念设计与客观现实社会结合的基础上,以互联网等技术为媒介,就形成了网络社会。归根结底,所谓网络社会,是对现实社会的一种理想形态的模拟。

一、网络社会的影响

(一)网络社会对现实事件的影响

网络社会的存在对现实社会具有一定的依赖性,但网络社会对现实社会也会产生深刻甚至变革性的影响。[①] 网络社会的发展

---

① 王青松:《网络社会对现实社会的影响及对策》,载于《四川理工学院学报(社会科学版)》2011年第5期。

反作用于现实社会,整体上推动现实社会向前发展,形成现实社会新的特点。依托于互联网而存在的网络社会,虽然在不同程度上改变了现实社会中人们的交往方式,但它也绝不是超脱于现实社会而独立存在的。近几年,网上事件对网下社会环境的影响及网上与网下的互动,影响力呈几何状态膨胀。

网络社会的客观存在和网民数量的不断递增,造成网上出现的群体性事件越来越频繁,越来越激烈,涉及面越来越广,这直接影响着网下的现实社会,对社会及政府都提出了巨大的挑战。

网络社会的形成,改变了社会的结构,使社会分化为现实社会和网络社会,社会主体生存也随之分化为现实生存和虚拟生存。以虚拟性、模糊性、全球性、裂变性为特点的虚拟生存,是与现实生存根本区别的社会主体的一种存在方式。这种存在方式带来了人类生存中虚拟生存与现实生存、理想化生存与世俗化生存、全球生存与民族生存的矛盾。

通过对近几年"躲猫猫""石首事件"等具有典型性的十件网络公共事件的剖析,可以总结出一些共同点:

第一,现实社会中存在的问题。之所以最后形成了震惊全国的大事件,重要原因是因为这些事件通过了网络舆论的放大。而事件之所以在网络上一步一步放大,之后几乎到了无法收拾的地步,除了一些网民的不理智以及少数网民可能别有用心之外,对于激化事件信息的放任,也是重要原因之一。

第二,在这类事件的处理过程中,我们注意到一个现象,那就是地方决策层与网络社会严重脱节。在对比分析了有关地方政府相关部门(公安、宣传)对事件的发言与表态后发现,决策层对于网络的认知非常有限。民众现在不但生活在现实社会中,还有相当多一部分人生活在"网络社会"里,这里虽然没有"油盐酱醋"的烦恼,却是他们表达对"油盐酱醋"看法的集合地。

第三,在突发网络事件中,地方政府相关部门有不作为,或者不知道如何操作的情形。出现这一情况的主要原因,就是缺乏对网络信息和网络舆情进行统一、有效的管理。据网民统计，目前对互联网有管理权限的机构就多达 16 个，包括公安、宣传、电信等部门。正因为各个部门只管各自的一摊，很多时候互不通气，留下了很多管理上的漏洞。随着网民人数的继续扩大，这种政出多门的管理方式，越来越不合时宜了。

（二）网络社会对社会心理的影响

目前，数字化技术已广泛地应用于人们的生产和生活中，通过互联网工作和学习的人群逐年增多，各种网络社区正以递增方式逐步建立，人们在一种虚拟情境中建立着自己的人际关系。由于这种社会群体交往方式的独特性，会对社会心理的演变造成不可估量的影响，使其产生不同于一般社会生活的各种社会心理因素。

1. 互联网不再只是一种冷冰冰的数字电路。

由于人的参与及计算机的智能化和办公自动化的需要，互联网作为新一代的大规模信息载体，日益演变成为一种新的独立于自然环境之外的社会环境。长期依靠其工作、生活的人们势必受其影响，进而出现一些新的社会心理现象，整个社会心理也将发生潜移默化的转变，这正是技术与人类生活联系日益紧密的一个明证。不能否认，随着互联网的普及，人与人之间的直接交往日益减少，并有可能造成人际关系趋于淡漠。一些人为了逃避现实，会更多地依赖于人与机器之间的交流，如网络中即时通信平台，对话双方并不经过直接接触，通过该平台即可实现跨越空间的交流。再比如，在网络社会环境中，人们可以以任何想象的身份（即虚拟身份）参与社会交往，而非现实社会中的真实身份。网络中形成的认知表象完全取决于对方的言语特征，而后依据社会常理进行判断，可能会产生认知错位。

2. 虚幻现实。

在网络社会中，所有的一切都是通过高科技手段"虚拟现实"来实现的。人与人之间的关系是模糊的,更多的表现为人对虚拟幻象的关注。人们在网络中把人的各种情感都移入了自己所关注的一些介于真实与虚幻之间的事物。如网络游戏的爱好者,会关注游戏中人物的命运并随之哀喜。人们在游戏中满足了在现实生活中因各种不如意而需要宣泄的愿望,而且此类游戏往往强调网络协作,在网络上和自己"朋友"(现实社会中根本不认识的人)精诚合作,与"敌人"战斗(可能现实社会中"敌人"又是朋友),由此满足了人们渴望受到团体承认的心理需求。

3. 互联网对社会印象和社会伦理的影响。

在网络世界中,传统的社会观念已不再是影响社会印象的主要因素。人们对社会交往、社会印象由直接方式向间接方式过渡,而且对自己的知觉结果产生新的认识,深刻地认识自身,甚至有可能认识多个"自我"的存在。社会情感"移入"互联网,是一种特殊的社会心理过程,是伴随整个社会心理过程产生的心理体验和心理感受。譬如同一个人的社会印象可能会具有不同的表现形式。在网络社会中与你关系密切的朋友,也许就是现实生活中与你关系紧张的邻居。这时,对你的邻居——这一社会生活中能够被切实感受到的个体,就存在两种不同的社会印象。

网络社会与现实社会的这种以人为中介的关系向我们昭示,现实社会伦理是网络社会伦理的文化资源,网络社会伦理必然是通过人这座桥梁,把现实社会伦理延伸到网络社会的结果。不汲取现实社会伦理的文化养分,网络社会伦理将成为无本之木。同样,网络社会伦理的作用并不局限于网络社会之中,它也将对现实社会伦理产生不可小觑的影响。网络社会伦理不可能完全与现实社会伦理相脱节,也不可能存在超越现实社会的"虚拟的"伦理。这也告诉我们,网络社会伦理与现实社会伦理发生冲突时,仍然需要人这个主体兼中介来化解。在网络伦理的建构中,人仍然起主导作用,决不会因为网络社会的数字化特性而由数字或比特来决定。网络伦理的核心问题,仍然是人的问题。因此,需要强调的是，网络社会伦理绝不是人们空想的伦理。在本质上，它与现实社会伦理毫无二致。正如美国马萨诸塞州参议员爱德华·马基所说："我们必经认识到，在虚拟社会里也会有真实的伤害。"网络社会伦理与现实社会伦理的冲突及其转换机制提醒人们，不仅要加快网络建设的步伐，提高网络的普及程度，而且要关注网络伦理建构的方式。建构网络伦理时，既要防止忽视网络社会的特质，把现实社会的某些规范强加给网络社会，影响网络持续健康发展的教条主义做法；也要防止借口网络社会的特殊性，任由网络社会中某些不良风气蔓延，影响现实社会伦理的现象。

总之，我们应积极调动作为网络社会与现实社会的主体兼中介的人的主观能动性和道德自觉性，突出人在网络伦理以及网络伦理建构中的核心地位。

（三）网络社会对青少年的影响

网络社会为广大青少年提供了一个广阔的社交平台，他们在这个平台上，避免了人们直面沟通时的摩擦与伤害，可以不受地域的限制与人平等交流，讨论共同的话题，在情感需求和信息需求上获得极大的满足感；另外，他们也可以在网络社会中寻找个人价值的实现，利用互联网学习、研究乃至创业等。但在开阔视野的同时，一些问题和危险对青少年也会产生负面影响。

1. 青少年网瘾日益突出。

网络游戏的发展与互联网络、软件技术、硬件技术的发展基本保持同步。随着网民基数的增加，网络游戏用户也呈急剧上升态势。网络游戏是一种互联网的衍生产品，是通过网络传播和实现的互动娱乐形式。它的产生源于对高级化交互式数字娱乐的社会需求，是当今世界上最受欢迎的娱乐方式之一。但由于网络游戏本身的业务特性，也不可避免地给社会带来了一些负面影响，如很多青少年因为缺乏自控力而过度沉迷于网络游戏，导致学业荒废等。这就使得网络游戏一度被冠以"电子鸦片"的称号而遭到鄙弃和排挤。

青少年网瘾已经成了现代社会的一个新的棘手问题。《2009年青少年网瘾调查报告》[①] 显示,我国城市青少年网民中网瘾青少年约占14.1%,人数约为2 404.2万。其中,18~23岁的青少年网民中网瘾比例最高,为15.6%;其次为24~29岁的网民,比例为14.6%;13~17岁的网瘾人数比例与2005年相比有所下降,为14.3%;18~23岁年龄段的网瘾青少年比例有所上升(见图2-1)[②]。

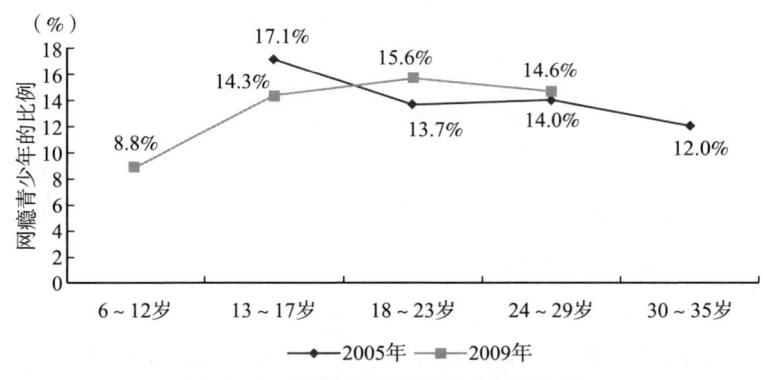

图2-1 不同年龄网瘾青少年的比例

在性别比例方面,男性青少年网民中的网瘾比例比女性青少年网民中的网瘾比例高出5.6个百分点,其中男性青少年网民的网瘾比例较2005年有所下降,女性青少年网民的网瘾比例则有所上升。在学历方面,大专生网民中网瘾青少年比例最高,达19.0%;其次是职高/中专/职专/技校学生,比例为18.6%(如

[①] 由中国青少年网络协会委托中国传媒大学调查统计研究所于2009年开展了第三次我国青少年网瘾调查研究。
[②] 中国青少年网络协会、中国传媒大学调查统计研究所:《2009年青少年网瘾调查报告》。

图2-2所示)。①

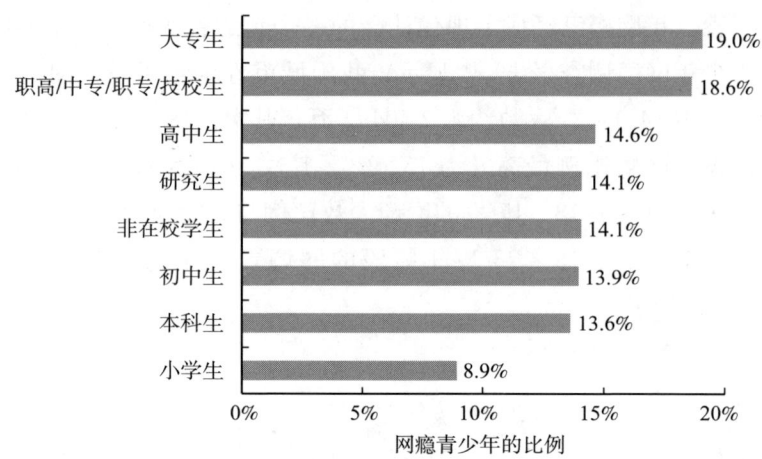

图2-2 不同学历网瘾青少年的比例

近一半网瘾青少年把"玩网络游戏"作为其上网的主要目的,并且花费的时间最长。

2. 不良信息对青少年思想的侵蚀。

互联网所提供的信息平台,使得人们足不出户就可知天下事。20世纪80~90年代乃至2000年后出生的青少年,对新技术的掌握程度和接受力,远远高于成年人。但是,他们的人生观、价值观却还处于形成过程中,外因的作用对他们影响很大,特别是网络社会中的一些不良信息,往往会影响他们的价值观取向。由于青少年心智的脆弱性,导致一些青少年遇到挫折就会把自己包裹起来,并且脱离社会,成为"宅男""宅女"一族,形成远离集体、崇尚单干的作风,他们中的相当一部分人忽视团队作用,以自我为中心、独来独往、自私自利。另外,一些年轻人通过社交平台炫富,认为

---

① 中国青少年网络协会、中国传媒大学调查统计研究所:《2009年青少年网瘾调查报告》。

人生在世就是为了贪图享受、吃喝玩乐，只想向社会索取，不想对社会做贡献。由此可见，网络社会中消极、不良信息和行为方式，从某种角度看，对集体主义的人生观、价值观产生着严重的冲击。

3. 网络犯罪威胁青少年安全。

网络日益成为青少年寻找刺激、猎奇的场所。有些网站为追求经济利益等目的，把许多黄色、暴力、未过滤的有害、低俗信息放置网站中。由于青少年自制力相对较差，缺乏判断是非的能力，导致某些青少年品质畸变、人格扭曲，致使其道德意识和法律意识逐渐淡化，从而误入歧途，走上犯罪的道路。青少年，特别是未成年人因上网直接或间接引发的犯罪案件时有发生，引起现实社会各界的广泛关注和忧虑。

二、网络社会对经济环境的影响

互联网改变了我们的生活方式和工作模式，同时也营造了一个网络经济环境，跨境电商、在线购物、在线支付等越来越多的互联网应用，成了与现实社会相互依存的新的经济模式。

（一）新兴的网络经济模式

1. 在线购物。

在线购物就是通过互联网检索商品信息，并通过电子订购单发出购物请求，然后填上私人支票账号或信用卡的号码，厂商通过邮购的方式发货，或通过快递公司送货上门。国内的网上购物，一般付款方式是款到发货（直接银行转账、在线汇款）。担保交易（支付宝、百付宝、财付通等）、货到付款等。

在线购物是互联网商业化的直接产物，也是网络社会中最为活跃的电子商务活动之一，目前，在线购物的网民为网民总数的71.0%，其中女性网民成了消费主体。

2. 在线支付。

在线支付是指以金融电子化网络为基础,以商用电子化工具和各类交易卡为媒介,采用现代计算机技术和通信技术作为手段,通过互联网进行传输,以电子信息传递的形式来实现资金的流通和支付①。随着网上购物,跨境电商、滴滴打车、微商等是依托于互联网而产生的新兴业态,在线支付逐渐成了电子商务发展的关键元素。

伴随线下支付场景的多元化,移动网上支付在一定程度上已经取代实物钱包,二维码、NFC 等手机支付技术产生的巨大便利性,对居民日常生活支付方式产生了翻天覆地变革。2015 年手机网上支付用户规模达到 3.58 亿,增长率为 64.5%,是整体网上支付市场用户规模增长速度的 1.8 倍,网民手机网上支付的使用比例由 39.0% 提升至 57.7%。② 易观数据也表明,从 2015 年 2 季度第三方移动支付规模首次超过 PC 端支付,随后差距逐渐拉大(见图 2 – 3)。

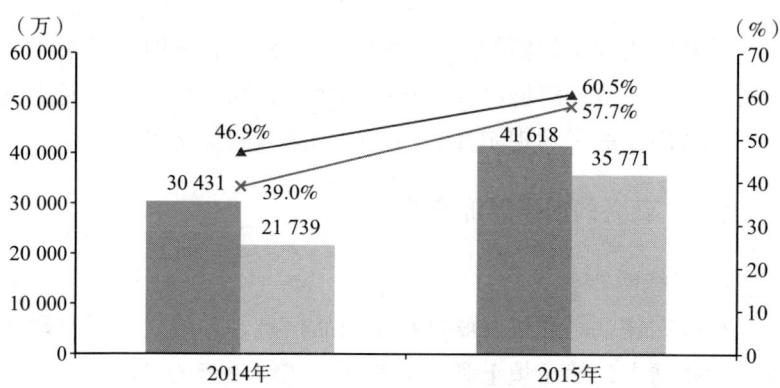

图 2 – 3　2014 ~ 2015 年网上支付、手机网上支付用户规模及使用率

资料来源:《第 37 次中国互联网络发展状况统计报告》。

① 钟忠:《中国互联网治理问题研究》,金城出版社 2010 年版。
② 中国互联网信息中心:《第 37 次中国互联网络发展状况统计报告》,2016 年。

目前，在线支付主要有两种模式：网上支付和第三方互联网支付。

网上银行是银行的主要电子支付方式，也是几种主流支付方式中交易规模最大的一个，2015年网上银行支付规模超过1 800万亿，占互联网支付规模的99%。中国金融认证中心最新发布的《2015中国电子银行调查报告》显示，2015年全国企业网银用户比例为73%，个人网银的用户比例超过40%（见图2-4、图2-5）。

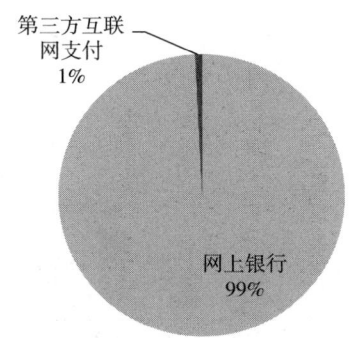

图2-4 网上银行占据互联网支付规模的比例

资料来源：《2015中国电子银行调查报告》。

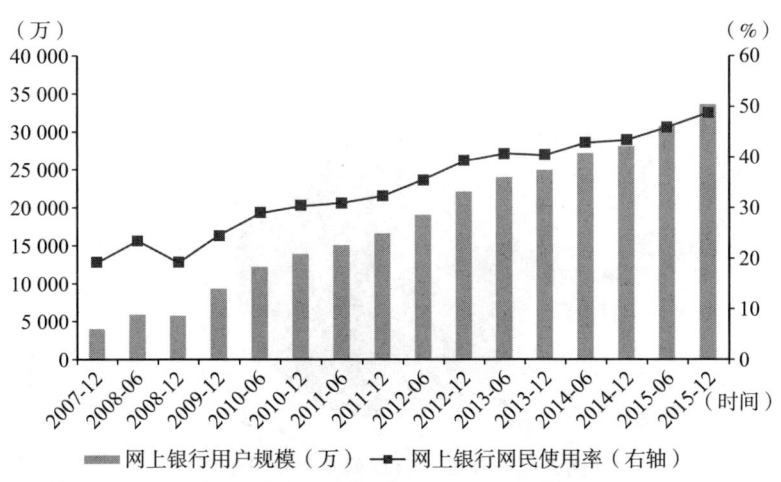

图2-5 中国网上银行用户规模和网银使用率

资料来源：《2015中国电子银行调查报告》。

第三方互联网支付是指以第三方支付机构为运营主体,通过在电脑端以网关支付、认证支付等途径用银行账户或第三方账户进行支付的方式。在第三方互联网支付市场份额占比中,支付宝排名遥遥领先,占48%;财付通随居第二,占20%;银联商务占11%,排名第三(见图2-6、图2-7)。

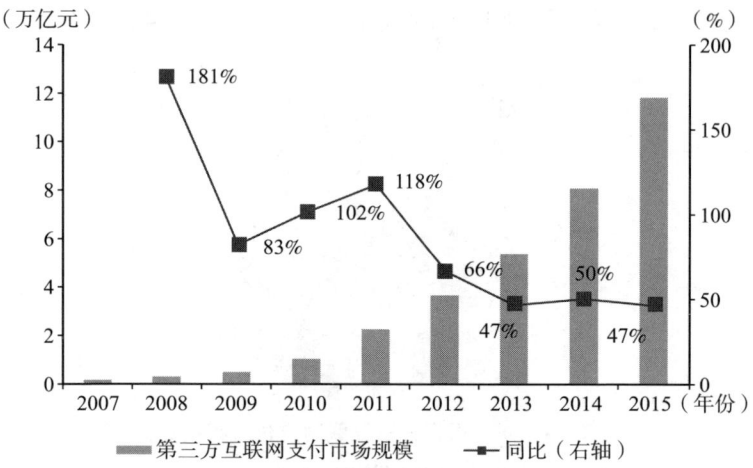

图2-6　第三方互联网支付市场规模

资料来源:《2015中国电子银行调查报告》。

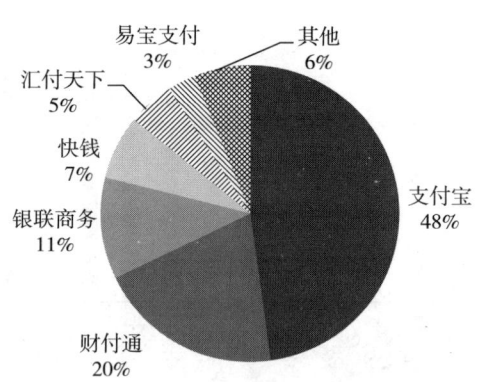

图2-7　第三方互联网支付市场份额

资料来源:《2015中国电子银行调查报告》。

3. 在线理财。

在线理财，是指理财者根据自身经济情况，通过网络平台自主选择适合自己的理财方式进行理财，只要身边有网络，理财者就可以随时随地在网上寻找他们感兴趣的理财项目，享受足不出户的全新理财模式。

许多传统金融企业看到了在线理财的巨大商机，纷纷在网上开展自己的在线业务，股票、基金、银行理财服务、保险等理财产品的购买及管理均可以通过在线服务完成交易，除此以外，一些新型的理财模式也已经在网上兴起，如 P2P 网络借贷等。

在线理财具有时间掌控灵活、选择范围广、产品更新速度快等特点，相较传统的柜面理财产品，在线理财不受银行或保险公司工作时间的影响，客户可自行了解感兴趣的理财产品和服务，在时间、地域选择上有很大的优势。

（二）对传统经济的冲击

1. 对实体经济的影响。

网络经济是以互联网为基础，以数字化为技术支撑，以信息化进行要素配置，以网络化为运营模式的新的经济形态。它脱胎于工业经济，是经济信息化及信息网络化的必然结果。

网络经济对传统的实体经济形成了巨大冲击。首先冲击了社会零售体系。由于线上销售覆盖面广、接触半径大、产品展示空间无边界，展示成本低，库存成本低，无须巨额房租和水电费用，所以网络销售中的产品价格明显低于线下的零售价格，对实体店造成了巨大冲击。其次冲击了制造商和服务商生产组织过程。随着互联网的迅猛发展，对实体经济的影响也随着渗透加强而日渐深入到产业链的前端。我们可以看到互联网对整个生产组织的冲击，在压缩了销售之后，巨大的网上需求开始对生产组织产生影响。

然而，实体经济所经历的冲击并非全部来自互联网。2016

年12月,中央电视台《对话》栏目在节目现场对与会企业家的调查显示,当下中国实体经济转型最大的挑战,"房地产摧毁实体经济"占到了19%,"核心技术"占14%,"虚拟经济过火"占11%,"高税费"占10%,"融资难"占7%。

可见,网络经济与实体经济并不是对立的,网络经济只是对实体经济的转型升级和管理效率提升,而不是全面替代实体经济。

网络经济只是国家所倡导的新经济的一个形态,它与传统经济的区别是"在线化"。互联网对传统经济的改造首先是客户被互联网化,之后是广告营销环节互联网化,然后不停倒逼上游的互联网化,未来互联网会进入制造业、房地产、能源、装备等行业。

目前互联网与实体经济的关系被颠倒和错配,从而造成一些地方和企业盲目将互联网推广和运用到实体企业。结果,不仅没有达到提升企业运行效率的目的,反而造成了资源的巨大浪费。因此,必须对互联网有清醒和准确的认识,及时转变观念,理顺互联网与实体经济的关系,使两者有机融合,并发挥最大效能,有力促进实体经济的转型升级,并推动实体经济健康有序发展。

实体经济只有经历住新科技的挑战、转型和创新的洗礼,才能面对明天的太阳。为应对实体经济的困境和新技术革命的到来,我国政府推出"互联网+"行动计划和《中国制造2025》行动纲领,以促进制造业与互联网、物联网的融合,用新经济、新业态、新动能促传统产业转型。

2. 服务规范突破与安全威胁。

互联网正在深刻影响实体经济传统服务模式,移动服务、就近服务、O2O体验服务、在线监测、远程运维等新型服务模式孕育而生,服务业态创新改变了生产者和消费者之间的关系,客户连接更加紧密,供求关系更加高效对接。滴滴出行、百度外卖、大众点评、携程等公司的移动服务、就近服务深刻改变了出租车、餐饮、住宿等行业服务模式，解决大众生活出行的痛点，促进了供求信息高效匹配和精准对接。苏宁易购、顺丰嘿店、京东到家等服务模式正在让线上线下服务融合更加紧密，客户体验更加优化。三一重工、陕鼓集团、振华港机等公司装备产品在线监测、远程运维等服务模式正在深刻改变装备制造业的服务模式，不仅提高了重大装备故障预判率，优化了售后运维供应链服务体系，更是拓展了装备产品价值来源，推进了工程装备企业服务化转型。

随着经济全球化、社会信息化进程的不断深入，经济信息网络在经济生活中占据了越来越重要的位置，对我国经济安全产生巨大的影响。

从专业角度讲，经济信息网络的安全包括网络和信息两个方面的安全性。网络安全是指在两个实体之间保证信息交流以及通信的安全可靠，满足计算机网络对信息安全的可用性、完整性、保密性、真实性、实用性和可维护性等的要求。信息安全是指保护信息资源，防止不良的外来信息的入侵和防止信息的泄露、修改和破坏，保证信息安全和可靠。

随着国民经济信息化的迅速发展，金融网络和企业网络的信息系统的应用将更加广泛和深入，对安全性的要求越来越高。例如，电子商务交易中，要保证电子交易的安全性，保证机密商务资料不泄露等，都需要信息网络相当的安全性。

互联网信息传输的广域性和网络协议的开放性带来比任何一种网络都更为严重的不安全因素。特别是在冷战结束后，在国际关系中，经济关系上升到主导地位，信息网络已成为经济信息竞争和斗争的重要场所，所以网络系统的安全性已涉及国家主权等许多重大问题，如一些国家军方和情报机构人员认为，不断发展壮大的、世界性的信息网络对国家将会是一种严重的威胁。

3. 对传统管理模式的挑战。

互联网对实体经济发展产生了重大而深远的影响，对实体经济传统的组织、运作和商业模式等管理模式带来了不小冲击，让实体经济步入转型发展的阵痛期。

互联网正在深刻地影响实体经济传统组织模式，平台化组织、网络化协作、众包众创等新型组织模式正在成为企业新的组织模式，企业管理、组织和资源整合能力得到大大增强。另外，网络化管理、平台化的组织带来的零边际成本效应，正在颠覆企业金字塔型的管理模式，让企业管理走向网状化和扁平化，市场反应和决策能力大幅提高，一线员工创造潜力等得到极大挖掘。不仅阿里巴巴、猪八戒网、滴滴出行、摩拜单车、菜鸟物流、美团等互联网公司正在利用网络平台分别在零售、工业设计、交通出行、物流运输、外卖服务等领域创新传统企业组织模式，实现社会资源的有效整合，推动传统行业互联网条件下的变革升级。传统制造企业也正在加速利用互联网改变其组织模式，海尔企业平台化、员工创客化、用户个性化的转型模式探索也正在颠覆传统制造企业管控模式，建立适应信息生产力发展的生产关系，激发企业各环节员工的创造性。

互联网正在深刻影响实体经济传统运作模式，凭借互联网信息获取的便捷性，低成本快速试错，多款少量、以销定产，从大规模、批量化的大众服务转为多批次、小批量的小众服务，提供个性化定制服务，已经成为许多企业适应新常态、把握新常态、引领新常态重要途径。依托网络平台，紧盯市场、随机应变，低成本快速学习，已经成为许多企业快速响应市场需求、提高市场变化应对能力、加速技术和产品创新重要法宝。依托社交网络，利用碎片时间，深度影响用户，实现低成本高频互动，推进企业用户向企业"粉丝"转变已经成了许多企业提高用户黏性、培育企业粉丝的主要模式。红领制衣、海尔冰箱、尚品宅配等企业个性化定制服务模式创新，推进了供给侧改革，激发了消费者的需求，成为行业发展的领头羊，引领着行业发展方向。韩都衣舍、凡客诚品凭借"款式多、更新快、性价比高"的产品理念，深得全国消费者的喜爱和信赖。小米公司手机橙色星期五的研发测试模式培育了一大批忠实发烧友和"粉丝"。一些知名企业家也通过网络自我营销手段,培育了一大批忠实"粉丝"。

互联网改变了企业的客户关系,个性化定制、用户全程参与、服务化转型等服务商业业态创新已经成了企业应对经济新常态,增加用户服务价值的主要手段。互联网强化了企业的连接关系,企业之间的竞争更加激烈、合作更加紧密,催生的平台型竞争、产业链竞争、生态圈竞争让传统竞争更加健康有序。苹果、谷歌各自依托互联网在智能手机领域整合产业链上下游资源,构建起了两大移动服务帝国,阿里巴巴和京东两大公司以电子商务起家,正在向集合电商、金融、数据于一体的网络帝国迈进。互联网正在改变实体经济的变现模式,平台交叉模式等商业模式正在从互联网虚拟经济向实体经济渗透,从消费互联网向产业互联网领域渗透。

三、网络社会对传统文化的冲击

互联网的诞生对各国的本土文化产生了巨大冲击,人类文化也随着互联网的发展而产生了全新的变革。互联网平台的开放性,打破了传统的文化传播方式,也改变了文化的创作、生产以及消费方式。

(一) 网络社会对文化生活的影响

1. 网络文化。

互联网技术的发展推动了网络社会的形成,同时也产生了与现实社会互动的场域。网络社会所具有的社会属性,从根本上体现了文化的特质。美国学者曼纽尔·卡斯特提出网络社会对于文化具有很大影响的观点。他在《网络社会的崛起》一书中指出:"在网络社会的理想类型下所概述的社会转化过程,超越了生产的社会与技术关系领域,这个过程也深刻地影响了文化与权力"。

网络文化是随着互联网而产生的一种文化现象,它是以网络技术为支撑的,基于信息传递所衍生的所有文化活动及其内涵的价值观念和文化活动形式的综合体。它的形成过程与发展和互联网发展是密不可分的。目前学界对网络文化并没有一个统一的界定,不同学科有不同的理解。一是认为网络文化是人们在网络社会中的精神活动及其产品,是一种新的文化生产创作传播方式;二是认为网络文化是一种技术文化,是通过互联网等信息技术而形成的文化现象;三是认为网络文化是指人们借助于互联网络进行的各种生产和交往活动而形成的物质和精神产物的总和①。无论哪种理解,都说明了一点,即网络文化是伴随着互联网技术的发展而产生的,它打破了传统文化所固有的模式,从新闻出版、广播影视、文化艺术的传播,到文化知识传承、思想道德教育、人际交往、娱乐休闲等现实社会中的活动,无一不延伸到网络社会中,并对人们在现实社会中的文化形态等方面产生了极大的影响。

2. 对文化的影响。

互联网给人们的阅读与传播方式带来了巨大的变化,文化内容的生产与传播不再是传统的被动式的。在阅读上,人们在不知不觉中改变着自己的阅读习惯,通过不同网站所提供的各种海量信息,获取自己所需的知识。对一些感兴趣的影视作品、书籍等文艺作品,人们不再通过传统的方式进行阅读或欣赏,而是通过互联网或移动终端设备来完成。中国新闻出版研究院《第十五次全国国民阅读调查》显示,2017 年我国成年人图书阅读率为59.1%,数字化阅读方式(网络在线阅读、手机阅读、电子阅读

---

① 张春华:《网络舆论社会学的阐释》,社会科学文献出版社 2012 年版。

器阅读、光盘阅读、PDA/MP4/MP5阅读等）的接触率为73.0%，较2016年的68.2%上升了4.8个百分点。对微信使用情况的考察发现，有63.4%的成年人在2017年进行过微信阅读，较2016年的62.4%上升了1个百分点。我国成年人每天接触传统纸质媒介的时长均有不同程度的减少。新兴媒介中，上网时长和手机阅读的接触时长呈增长趋势。[①] 另外，一些单纯以字母构成，没有任何注释的网络语言，成了年轻人在网络社会中特有的语言表达方式。网络语言的简约化和符号化成为它的主要特征，简约化主要来自四个方面，一是英语的音译，如表特，取自于英文"beauty漂亮"；二是网络游戏用语，如炅，中文本意是"光明"的意思，而在网络游戏中则用来表示"霸气""彪悍"等；三是方言，如我国台湾地区的闽南话等；四是中文谐音，如油菜，表示"有才"。符号化则是使用英文字符等符号，用以表达某种情绪或态度等，如XD表示"大笑"、BJ4代表"不解释"、OLZ表示"五体投地"、ORZ表示"失意"或"沮丧"的心情。虽然以上符号在语言表述上更加简约，但在一定程度上，影响了现实社会中人们的交流与沟通，同时也颠覆了传统的语言文化。

网络文化大大丰富了人们的文化娱乐生活。人们可以同时以文字、声音、图像接收来自世界各地的文化信息和娱乐节目。可以说，互联网为人类创造力的发挥提供了一个巨大的文化空间。网络音乐、网络视频、网络游戏成为人们在网络社会中主要的娱乐方式。中国互联网信息中心最新的统计报告显示，截至2018年6月，我国网络文学用户规模为4.06亿，网络文学使用率为50.6%，较2017年底增长了1.7个百分点。截至2018年6月，网络视频用户规模达6.09亿，较2017年底增加3 014万人，

---

① 第十五次全国国民阅读调查成果发布，https://www.sohu.com/a/228649938_154345。

网络视频用户使用率为 76.0%。网民对网络音乐的使用率为 69.2%，用户规模达 5.55 亿人。网络游戏用户规模达到 4.86 亿，网民使用率从 2017 年底的 56.9% 升至 60.6%，增长规模达 4 391 万人。①

另外，人们还可以通过个人网站、博客、网络直播等平台进行创作，网络作家、网络歌手不断涌现。网络社会的崛起给文化发展带来了新的生产与传播方式，主要包括：第一，互联网信息的海量性，极大丰富了文化产品的内容；第二，自主性使得人们在文化创作、传播和消费者之间的界限不再清晰；第三，互联网打破了传统的文化传播边界，从一点对多点的单向性转为多点对多点的互动型模式；第四，汇集文字、视频、声音等多媒体形式，极大地丰富了文化内容的多元化。

（二）新技术给网络信息产业带来超乎想象的发展机遇

在 2008 年运营商推出全球第一支 GSM/WiMAX 整合式双模手机以来，4G 时代就已经初露端倪了。4G 具有现有技术所不具备的"快""广""财"的优势。所谓"快"，是 4G 的根本特征，也是技术界开发 4G 的初衷。如今的商用 4G，已经实现了可以同时播放 4 部高清电影的速度，相应带宽相当于 3G 网络的 20 倍；"广"，表示 4G 很可能将物联网真正成为普遍的现实。而"财"，是指它可能真正把网络作为工具的使用费降下来，把网络能够实现的增值服务和由它带来的经济活动发挥到极致。

在 4G 语境下，网络文化产业的机遇凸显。以北京市为例，2013 年，4G 商用牌照终于发放，2013 年末北京人已经可以用上了 4G 网络，在叫了一年"4G 元年"之后，4G 终于真正开始影响北京。仅仅在若干年前，人们还在热烈讨论 3G 网络给整个文化创意产业带来的巨大机遇；如今，4G 带给我们新变化和新的

---

① 《第 42 次中国互联网络发展状况统计报告》，2018 年 8 月。

视野。事实上,由于技术对产业尤其是政策影响的滞后性,整个国际文化创意产业界才在整理3G时代的巨大影响,呼吁对定义、分类和各种政策进行回应和调整。网友笑谈,"我在用2G的时候你们在谈3G,我开始用3G的时候你们又在说4G了",所以我们对新技术的期待,很多方面可能是原有技术可以带给我们但尚未完全实现的部分。

1. 4G为文化产业带来资金拉动作用。

4G属于电子信息产业,这是国民经济的战略性产业。据测算,信息消费与GDP增长的关系是1∶3.38。几年前3G牌照发放,头三年带动了直接投资4 556亿元,间接拉动投资22 300亿元;直接带动终端业务消费3 558亿元,间接拉动社会消费3 033亿元;直接带动GDP增长2 110亿元,间接拉动GDP增长7 440亿元;并且直接带动增加就业岗位123万个,间接拉动增加就业岗位266万个。所以,业内估计4G的投资额会达到5 000亿元。而工信部估计,到2015年,信息消费的规模会超过3.2万亿元,年均增长20%以上,带动相关行业新增产出超过1.2万亿元。

以北京为例,2015年文化创意产业收入合计13 451.3亿元,同比增长14.0%;资产总计20 140.2亿元,同比增长20.6%;从业人员122.3万人,同比增长6.2%。[1] 2014年文化科技类业态持续发力,2014年1~9月,软件网络及计算机服务实现收入2 840.1亿元,同比增长11.6%,成为拉动北京文化创意产业增长的主要动力。[2] 2013年上半年,北京文化创意产业投资额已经达到139.8亿元;2012年北京文化创意产业增加值达到了2 205亿元,这在2009年是1 497亿元,年均增长率达到了接近16%;而2005年到2009年的年均增长率不到14%。包括3G在内的一

---

[1] 《北京文化创意产业发展白皮书(2016)》发布,http://www.ce.cn/culture/gd/201611/22/t20161122_18008974.shtml。

[2] 《2014年北京文化创意产业白皮书》,http://www.bjwzb.gov.cn/ckediter/userfiles/files/1.pdf。

系列文化创意产业促进策略,加快了北京文化创意产业的发展,新技术与文化创意产业相结合,北京抓住了国家加大3G和4G建设力度的机会,从而促进了北京文化创意产业的发展迈上了一个崭新的台阶。

2. 4G为文化内容提供商发展提供大量新机会。

虽然4G产业链很长,文化内容提供商看似并不能获得最大的利益,但由于一方面设备商获利可预期,加上4G新增收入可能相当一部分要用以补偿3G业务下降后的损失,所以设备产业链上的收益并不令人期待。相反,由于2G和3G时代网络速度并不能令人满意,费用也高,并没有如预期中带动足够的内容提供商获利;而4G由于速度和价格的两个指标,将极大带动内容提供商的发展。视频是4G最大的机会。近年来发布的有关报告,已经估计中国未来五年微电影产值可达数百亿。同样机会很大的还有音乐。据2017年11月,中国音像与数字出版协会音乐产业促进工作委员会发布的《2017音乐产业发展报告》(总报告)显示,2016年中国数字音乐的产业规模达到529.26亿,互联网音乐用户占互联网总用户的68.8%,用户规模达到5.03亿。据2017年1月北京市文化局相关统计数据显示,随着新技术的普及与应用,我国动漫游戏产业产值不断攀升,仅北京市2017年动漫游戏产业产值约达521亿元,相比2015年的455亿元,增长约15%。其中,移动游戏用户数量增速最快,北京网络游戏企业总产值约为505.63亿元,约占全市动漫游戏产业总产值的97%,占全国游戏市场收入的30.54%,其中移动游戏持续增长,产值约355亿元,占网络游戏总产值的70.2%。①

但是,4G带给网络文化产业的并不仅仅是3G时代人们想到的手机报纸、手机杂志、手机广播、手机电视、手机游戏、手机

---

① 2016年北京动漫游戏产业产值约达521亿元,http://mt.sohu.com/20170116/n478807016.shtml。

音乐、手机动漫、手机广告,4G将进一步深化3G已经开始改变的用户习惯,进而改变互联网的格局,各个领域都将会得到极大的发展。视频高清化、动漫和游戏3D化,图书和杂志进一步媒体化,实景导航,视频会议,更高速更大容量的云储存,以及云储存带动的物联网、车联网,所有传统内容和处于蓬勃发展的文化内容都会得到跨越式发展。

3. 4G将扩大文化消费市场。

4G技术的普及与应用,扩大了网络文化消费市场的范围。在一些发达国家或地区人均国内生产总值达到5 000美元时,文化消费通常应占到家庭收入的30%。而我国在文化消费方面至今仍处于初级阶段。文化创意产业发展是自上而下推动的,一些以北京、上海、广东为代表的大中城市虽然走在全国前列,但短板仍然是市场化运营。目前我国文化主消费群体正在发生代际转化,"80后""90后"乃至"00后"的年轻人成为主消费群。随着消费主体发生变化,消费结构也会发生重要转化,社会整体将进入一个新的消费时代。

制约文化消费市场扩大的因素,主要有观念、费用和方式。观念,是指消费者的使用习惯还并没有对移动互联网产生深度依赖,尤其是年龄比较大的消费者,很多人连互联网都接触不多,何况移动互联网;费用,是指现有手机网络覆盖和网速相对于价格来说是不值的,人们在进行消费之前都要掂量费用是否会过高的问题。对于4G,很多人在听到关于可以流畅观看高清视频的介绍时,都会质疑即使达到这个网速,因为费用问题,也不敢用太多流量去看高清视频;方式,是指现在针对移动互联网的文化消费方式还处于发展阶段,对于商业应用来说,还有大量可以挖掘的消费方式。

4. 4G将改变文化产业的生产方式。

移动视频是移动互联网时代最主要的网络产品之一,人们通常使用只是局限在视频通话和在线流媒体两种方式上。实际上,网速带来的视频应用,可以将商务办公进一步移动化。过去必须在办公室或者专门的视频会议室召开的会议,可以变成每个人利用自己的移动终端进行随时随地的工作会议。这虽然只比3G时代人们利用无线网络WIFI展开的应用拓展了一小步,但这一小步,却是将一部分人从固定的办公场所解放出来的一大步,它是真正意义上的"移动办公"。

北京拥有几十所大学(不含民办),是国家学术的中心,但文化产业的"产、学、研",在北京市尚未得到全部实现。4G普及真正实现"移动办公",也许能充分调动高校的研究优势,每一个研究者都成为一个移动的办公终端。过去需要高价购买的设备,在4G时代可能一个软件应用(APP)就全部实现了。

四、网络社会对政府公共政策与公信力的影响

(一) 网络社会对公共政策的影响

公共政策是公共权力机关经由政治过程所选择和制定,为解决公共问题、达成公共目标、实现公共利益的方案。在网络社会中,网络舆论已成为信息时代公共政策决定的新途径。参政议政一直是网络上的热点,它显示了人们对公共生活的关注,也体现了一种社会责任感。人们通过网络论坛、博客、微博等平台,就现实社会中的热点问题展开讨论、发表评论。近年来,政府机构、官员一直致力于通过网络这一开放空间与网民互动,以提升公共政策的力度。

例如"孙志刚事件"。2003年被收容人员孙志刚的死亡首先在网络上披露,引发了网民的种种争议和评论;然后,传统媒体介入并进行了报道,引起了政府的高度重视,继而国务院废止《城市流浪乞讨人员收容遣送办法》,颁布了《城市生活无着的

流浪乞讨人员救助管理办法》。这就是网络舆论给予"孙志刚事件"极大关注和热烈讨论的直接结果。网络舆论已经成为信息化时代公众政策诉求和政策制定的另一条途径。

《城市流浪乞讨人员收容遣送办法》的废止，说明网络社会在政策制定方面，有着与现实社会极其相似的性质。从政策问题诉求到政策问题进入政府议程，从政策议程到政策制定，网上政策制定的流程与现实世界中政策制定的流程几乎一样。网络已经成为公众参与政府公共政策制定的新途径，是公众表达其政策诉求和影响公共政策制定的信息化手段。

信息时代的来临，促使政府管理的信息化。电子政府的实施，不仅要求政府日常办公自动化和信息电子化，而且，也要求政府公共政策制定手段的网络化。基于网络舆论视角的公共政策制定新途径，有利于政府及时发现政策问题，提高政策制定的有效性和稳定性，也便于政策的顺利实施。

但是，网络社会仅只是公共政策制定新途径的一部分，而非全部。它和其他传统舆论一样，在舆论体系内部，不可能自成一个公共政策系统，必须与现实社会密切联系，组成一个大系统，并在这个大系统中，制定与执行公共政策。

（二）网络社会对政府公信力的影响

胡锦涛同志2008年6月20日视察人民日报社，在总结抗震救灾中信息及时、公开传播的经验时指出："第一时间发布权威信息，提高时效性，增强透明度""其中的成功经验值得认真总结，并要形成制度长期坚持"。即是要求将信息公开"形成制度长期坚持"。但从现实情况看，达到这一目标，显然还有距离。

习近平同志2016年2月在党的新闻舆论工作座谈会的发言中强调："党的新闻舆论工作是党的一项重要工作，是治国理政、定国安邦的大事，要适应国内外形势发展，从党的工作全局出发把握定位，坚持党的领导，坚持正确政治方向，坚持以人民为中心的工作导向,尊重新闻传播规律,创新方法手段,切实提高党的新闻舆论传播力、引导力、影响力、公信力"。

1. 新媒体的出现挑战传统媒体。

全球化时代,人口流动频繁,新的传播科技已经普及,网络、电话、手机各种传媒形态多元化,人们可以从不同渠道获得各种信息。这些信息来源广,传播快,而且传播者所站的角度和所执的观点各异。如果政府于事件发生时不在第一时间澄清事实,很容易加重信息多级传播中的扭曲和衰变,造成更大的社会不稳定和政府公信力的下降。

互联网络的广泛普及与创新应用,使自媒体的功能得到充分发挥,传统媒体中的"把关人"的作用被大大削弱,公众话语权得到最大限度发挥。与此对应,各种虚假与不良信息也大行其道,"网络水军",甚至是"网络黑社会",无不挑战着社会的道德底线与法律底线。在这种情况下,公众利用信息的成本显著上升。在浩如烟海的信息中去粗取精、去伪存真,挑选出自己所需要的有效信息,要付出时间和精力的,这与前些年的情况不可同日而语。大量信息消耗的是人们的注意力、时间成本和接受力,也考验着人们的判断力。而对于网络上的一些公众关注的信息,特别是处理群体性事件等百姓关心的话题,只采用惯常的拖延、隐瞒、封网等信息控制方法,将会影响公正和真实信息得以传播。

2. 网络社会与现实互动,对政府的公信力提出挑战。

网络社会的出现和网民数量不断递增的趋势,直接影响着现实社会。网上出现的群体性事件越来越激烈,越来越频发,会直接影响到现实社会。如政府职能部门对舆论的反应滞后,回应不及时,就会造就公众质疑政府,给政府公信力带来负面影响。构建与互联网平台之上的网络社会所依托的社会结构是扁平的,而依靠现实世界的垂直指挥链来确立和维护的政府权力,在水平化的虚拟世界将会失去可以依托的社会结构。因此,互联网上呈现出信息流动凝结的多中心权威,也就是说,网民可以在互联网上形成多个权威,如果政府反应不当,或者不能及时顺应新媒体平台的水平特征来延伸权力,那么,政府权威不仅难以维护,其流失的速度也会加快。

一些政府部门更多的是将互联网上的信息当作舆情来进行研判和引导,并未认识到互联网信息技术革命所引发的事件是对政府结构的根本性挑战和对政府回应能力的复合挑战。因此,在互联网上掌握话语权、彰显权威和引导思想价值等方面,都显得被动而迟钝。

(三) 网络社会对公民素养的影响

1. 互联网背景下的信息素养。

公民信息素养的概念,是美国信息产业协会主席保罗－泽考斯基于1974年提出来的。1989年,美国图书馆协会旗下的信息素养委员会,在年度报告中将其界定为:"要成为一个有信息素养的人,就必须能够确定何时需要并且能够有效地查询、评价和使用所需要的信息"。我国许多专家学者,也对信息素养给出了种种定义,归纳为三点:第一,对信息的认知能力;第二,对信息价值的判定能力;第三,有效获取信息和正确传播信息的能力。

概括而言,信息素养主要包含两个层次的意思:一是技术层面上的;二是人文层面或者伦理层面上的。技术层面上,表现为人们利用信息的意识和获取、检索、分析、评估、支配、再生信息的能力及技巧;人文层面上,表现为人们面对信息的心理状态和处理信息的动机以及伦理导向。

互联网的诞生造就了新舆论场的产生。在以互联网为基础的网络社会中的信息资源,远远大于现实社会。网络上传播着各种庞杂的信息,公众对待信息的敏感程度,对社会的各种现象、行为、观点的理解、感受和评价,形成了公众的信息意识。而这种信息意识，是受其潜在的世界观、价值取向以及道德观念支配的。在人们积极主动地挖掘、搜集信息的同时，在其潜意识里，已经把自己的思想、见解和偏好融入其中了，并通过QQ、微博、论坛等网络即时通信工具，传递给他人进行交流、共享。自媒体的横空出世，改变的不仅是传媒的生态，还有我们的生活和生存方式。传统媒体被从"神龛"上请下来，在互联网上，每个人只要注册一个账号，就能成为一个媒体、一个主编。平台开放、平等表达、虚拟身份、无界传播，自媒体的这些特性和功能，为公民参与公共政策和公共生活，提供了前所未有的技术支持和全新的手段，这将对公民社会主义民主建设和民主化进程产生深远的影响。一则，自媒体为公民信息素养的培养和提高提供了平台和路径；二则，自媒体自身的良性发展又有赖于公民意识和信息素养的提高。

由此可知，人们信息素养的高低，是决定网络舆论各方能否在一个共同的基准上平等对话、理性交流的重要前提。而要想达到政府、媒体、公众三方舆论的高度交集，熟练掌握技术手段固然不可忽视，但更重要的则取决于互动者的价值取向是否一致，或者说大家是不是为了同一个目的在寻求共识。如果目的大相径庭，结果必然是南辕北辙。而公众的信息素养，则是需要被教育和培养的。

不能不说，由于我国这些年的学校教育和社会教育，主要偏重于知识和技能的传授，忽视了正确价值观、人生观、伦理观的培养，社会的道德水平乏善可陈，进而使得广大公众对事物的理解总是处于一种模糊、摇摆不定的状态。许多网民也并未能理解信息素养的真正内涵。导致在信息意识方面，存在两种倾向：一是人们对周围发生的事件不加分析地实时进行传播，而其获取的信息未必真实和准确；二是带有个人目的不实之词，或夸大事件本身的信息内容，或发表偏激的、不负责的言论。

2. 培育提升公众信息素养。

培育公众信息素养，需从两个视角入手，分别针对三个群体，掌握五种能力。

（1）两个视角：即科学技术和道德伦理。道德伦理是根本，是灵魂；科学技术是手段，是工具。缺乏良好的道德素养，就不可能正确地辨别和评价获取的信息，甚至会断章取义，臆造信息，扰乱社会秩序，先进的技术就会变成"帮凶"；同样，不掌握现代化的技术手段，道德素质再高，也难以在舆论场上应对自如，把正确的信息有效传递给公众。二者相辅相成，缺一不可。因此，信息素养的培育，一定要从这两个方面共同入手，不可偏废。但在面对现实时，需有所侧重，采取不同的方法。就具体的职业群体和社会群体而言，可采取"缺什么，补什么"的办法进行培养，关键是道德素质的提高；而在学校教育中，需同步进行，按照不同的年龄段，有计划、有步骤地循序渐进。

（2）三个群体：即政府官员群体、学生群体和网民群体。政府官员是网络舆论的主导者和引导者，他们的信息素养，在一定程度上，关系到网络舆论的走向。首先，要提高官员们对网络舆论的重视程度，树立以民为本，为人民服务的思想，明白"水可载舟，亦可覆舟"的道理，建立与群众血肉相连的关系。这样，才有可能发挥好引导社会舆论的作用。否则，一不小心就会成为负面信息传播的助推器；其次，要熟知党和国家的大政方针、法律法规，以及自己从业范围内的各项政策界限和业务知识，以便更好地为群众答疑解惑，提高公信力；第三，要使他们，特别是关键部门的官员，掌握现代化信息技术，提高组织协调能力和对外沟通技巧。

学生群体正处于世界观的形成阶段，求知欲强，可塑性大，而且是将来社会的中坚力量。因此，要充分发挥学校的功能，从小教育他们具有远大的抱负，树立正确的价值观、人生观和理想观，培养爱国主义情结、报国理念和集体主义精神，并适当地教授其基本的互联网实操技术、沟通技巧、表达方式等。

其他网民群体的素质培养比较复杂,他们来自不同的年龄段、不同的行业和不同的阶层,知识水平各异,因此技术手段的培养不是重点。需动员社会力量,尤其是政府的力量,充分发挥机关、事业、企业、社区等组织的作用,本着诚信、务实、服务的态度,构建宽松和谐的网上舆论氛围,积极倡导正气正义,树立社会主义核心价值观,严厉打击歪风邪气,改善政府形象,取信于民。

(3) 五种能力。无论是哪个社会群体和社会阶层,从信息技术应用的角度讲,具备以下几种能力,是提高信息素养的必要条件。

一是获取信息和处理信息的能力。即熟练地运用阅读、讨论、试验、检索等手段获取信息,并且自如地对获取的信息进行归类、存储、鉴别、综合分析和正确地评估;

二是支配信息和创造信息的能力。即准确地概括和表达所需要的信息,灵活地运用信息,并且善于创造性思维,生成新的信息成长点。

三是利用信息和信息协作的能力。即有效地利用信息,表达个人的思想、观点和诉求,发挥信息的效用,并愿意与他人交流讨论,分享资讯和见解;

四是信息免疫和拒绝信息的能力。即对于浩如烟海、良莠不齐的信息,要具备甄别、自律、自控的能力,遴选那些真实的、正面的信息,拒绝和消除不实、有害信息的侵扰和腐蚀。

五是运用信息工具的能力。即熟悉现代信息技术手段,掌握互联网知识,了解科技发展动态和趋势,熟练运用计算机、移动智能终端、博客、即时通信等工具。

总之,公民信息素养的培养是一个系统工程,它决不仅是某个单位、部门或几所学校、几个培训机构的责任,而是全社会共同的使命;也不是一朝一夕,一蹴而就,急功近利的事情,而是需要社会长期关注，不间断、持续教育的过程；更不是具体的技术操作问题，而是集理念、思维、知识、技术、方法等为一体的综合能力的体现。未来网络社会的渗透程度，互联网的应用广度，以及对现实社会的影响深度，都是不以人们意志为转移的。公民的信息素养，将决定互联网时代整个政治、经济、社会、文化、环境有序健康发展，必须引起社会各界，特别是政府的高度重视，从现在做起，尽快采取相应措施，把提高公民信息素养作为一项重要的任务。

第三章

网络社会动员和参与

依托互联网而存在的网络社会,在不同程度上改变了现实社会中人们的交往方式,同时也使社会动员手段得到了进一步的拓展。网络社会动员是现实社会动员的补充,二者相互融合,取长补短,共同构成一个虚实合璧的、良性互动的社会动员生态环境。针对网络动员特性和现实存在的事实,充分发挥网络社会动员自下而上的"反向动员"模式,有效弥补现实社会动员的不足,将会推动全社会健康、和谐、有序的发展。

一、传统社会动员

(一)认知社会动员

社会动员是为社会发展而采取的一种策略。一般而言,社会动员是指政党、政府或社会组织、民间领袖等,为实现某一发展目标,通过各种形式的高强度的宣传、发动和组织行动,促使全社会成员形成共同的观念与情感,获得广泛认同、参与和支持,引导全体社会组织与广大民众行动起来,从而调动社会组织的潜力和挖掘全社会的资源,经过整合和引领而实现特定目标、任务的社会发动过程。其本质包括三个方面:其一,它是有组织的社会活动。社会动员是由社会组织发起的、有明确目的、引导社会成员共同参与的社会活动。社会动员中要有动员主体,无动员主体的无组织的自发活动,是无法进行社会动员的。在现实社会中,社会动员主体是政府、政党或社会团体。其二,思想动员是社会动员的核心。社会动员主体要谋求某个政治动议或重大方针政策获得社会各阶层和广大公众的支持和参与,进而影响其主流价值观和引导社会舆论,得到社会成员在思想或情感上的认可,是社会动员成功与否的核心。社会动员对象也是社会动员的客体,它由一定数量的社会成员组合而成。要使他们行动起来,需要影响和改变他们的思想观念,通过有目的地影响、改变社会成员的态度、价值观和期望等,来激发社会成员的参与热情,并使之行动起来。其三,人的动员是社会动员的根本。广泛的群众基础是社会动员成功的必备条件。人是人类社会构成的基本元素,也是社会活动中唯一具有能动性、创造性的要素,一切社会活动只有人的参与才能够完成。严格地讲,社会动员不是资源的新增,而是资源的重新配置和整合,一切社会资源只有通过人的加工改造,才可能实现重新协调和整合。

社会动员有两种基本模式:一种是以政治为核心,以集中统一、层层动员、广泛发动群众为主要手段和表现形式的传统社会动员。具体形式如体制动员、精神动员、政治动员等;另一种是以利益为杠杆,以政策引导、制度激励、社会自主参与等为主要手段和表现形式的现代社会动员,其主要是针对各种具体利益的利益动员。

(二) 社会动员过程

设定目标是社会动员的前提条件,也是引导公众参与社会行动的根本,要有明确的行动目标,才可能动员和激励社会各阶层为之奋斗。社会动员的过程,应紧紧围绕着设定目标而进行,并在这个过程中,引导包括各级机关企事业单位、决策和管理人员、社会各系统、工商业界、专业学术团体和专业技术人员、宗教组织、社区、家庭和个人在内的各个方面的社会成员。激发各社会成员的积极性，调动自身资源，形成尽可能广泛的社会联合，为实现共同的社会目标而自觉自愿地采取行动。同时，在社会的不同阶层、不同部门之间建立对话机制，形成伙伴式的合作关系。通过有效的信息传播，沟通和交流，促使社会成员明确设定的目标，达成共识，并把目标转化成社会行动。这也是社会动员的主要任务所在。

经过40年的建设和发展，我国社会主义市场经济体系逐步形成，社会转型的步伐随之加快，社会结构更加趋于复杂，社会资源拥有主体呈现多元化、差别化的态势，社会活动（行动）的政治色彩也在逐渐淡化，社会动员更多地出现在一些与公益有关的社会活动或突发事件的救助中，如恐怖袭击、群体事件、地震、海啸、大型群体性活动等。由于政府资源和管理范围及职责的有限性，常常难以独立应对社会上或自然界发生的重大公共事件和灾难，必须动员和汇集社会力量共同参与处理。尽管人们日常生活中的价值取向，主要体现在与个人切身利益相关的事情上，但对于公共突发事件或重大社会事件，仍然受到广大民众的关注，从而具有动员社会力量的潜能。如在四川"5.12"汶川地震和雅安地震的救援过程中，久违了的社会动员又一次呈现在公众面前，并发挥了不可或缺的作用。又比如2008年北京奥运会、2009年上海世博会、2010年广州亚运会等大型国际赛（展）会召开期间，面对海量的、不同专业和类型的辅助人员的紧急需求，有关部门、机构多次进行了广泛的社会动员，社会各界和广大民众热烈响应，积极参与到了各种服务工作中去，有力地保证了活动的顺利进行，展现出强大的社会动员力量。

（三）社会动员机制

社会动员机制，是倡导全社会积极参与社会行动的举措。改革开放以来，社会的各个方面发生了翻天覆地的变化，社会动员机制也由原来单一的党政动员，向党和政府主导，单位和社区及社会组织协同，广大群众积极投入的新型社会动员机制转变。以应对突发事件动员机制为例，首先，政府形成了社会动员组织机构网络，各级部门、单位协调联动，为增加动员的有效性，依据目标设定的程度，划定动员层级，进行不同程度的社会动员；其次，社区、社会组织实现了充分介入，利用自身紧贴群众的优势，发挥号召、组织群众的作用，使社会动员不留死角；最后，政府和社区、社会组织间建立起了有效的合作机制，能保持稳定的配合关系和成熟的沟通渠道，特别是能通过志愿者组织，充分管理好利用好志愿者资源，引导公众积极参与志愿活动。

目前，我国社会动员机制还不够完善。首先，在社会动员宣传教育方面，空洞的口号式宣传，缺乏公众对它的信服感。特别是在常规动员时期，一些缺乏科学设计论证的宣传理念和方法，很难形成凝聚力，从而降低了公众的参与度。其次，在社会动员中，人们仍然抱有一切听从党召唤的传统思维方式，社会动员本质上依然是党政主导的行政化动员。在常态情况下，这种思维方式成了制约民间组织进行社会动员的限制因素。而在非常态情况下，由于政府与民间组织对接不够顺畅，往往造成民间组织有劲使不上，或者组织无序的情况，不仅影响动员的效率，也会给正常工作造成额外负担。最后，缺乏社会动员效果的评估机制。社会动员效果的评估，是衡量社会动员效果的重要指标，也是社会动员机制中的重要环节。从定量到定性的评估指标，会对社会动员所设定的预期目标给出科学的评价，并对之后的动员进程给出科学的回答。然而，目前的社会动员机制，缺少有效的、科学的、具体的动员效果评估指标体系。

在不同时期和不同的社会氛围下，人们对社会动员理念的接受程度、响应程度都存在差异，需要对此深入访谈，不能仅凭上级领导部门决定。因此，社会动员机制建设，需要科学地把握社会动员的理念、性质及其内涵，需要对社会动员相关理论及其在社会现代化、社会活动中的作用进行综合评估，需要对调动民众参与，且关系到民众切身利益的社会动员宣传教育等进行合理设计。同时，发挥基层社区、社会组织的作用，以推进政府购买社会服务为切入点，通过项目驱动把"枢纽型"社会组织和各类社会组织动员起来，参与社会服务和管理。

为调动民众参与，应建立激励机制，以示范、激励、表彰等方式推动广大民众参与到常规化社会动员中去。在积极扶持社会组织发展、推动志愿服务活动的同时，建构规范化的渠道，通过社会组织、志愿者活动，来拓展社会动员的范围，推动社会动员的资源供给。把体制内动员和体制外动员紧密结合起来，突出社会动员重点。以日常志愿服务、大型活动志愿服务和应急社会动员为重要抓手和有效载体，建全志愿服务长效动员机制，紧紧围绕社会动员重点，健全社会动员体制机制和保障体系。从整体而言，社会动员是一个发动、教育、引导民众参与特定社会活动的过程。建立健全社会动员的组织机制、激励机制和保障机制等，教育引导民众积极参与其中，在参与中得到认可和赞同，提升社会动员的整体效果，实现社会动员有据可依、依法办事、规范有序、健康发展。

二、网络社会群体

谈到网络社会动员首先应了解网络社会群体。在现实社会中，人是社会的存在主体。人不仅是社会的组成要素之一，也是社会组织和运动的中心、核心和动力，社会的发展是以人的发展为目的和根本的。同样，在网络社会中，人也是其存在的主体。只不过在网络社会中，人不是以自然人的方式存在，而是以一种与现实相对应的镜像方式存在。

(一) 网络社会个体

1. 网民。

网络社会的活动主体是网络平台中的人,即通常所说的网民。何谓网民,在学界有着不同的观点,至今尚未有一个统一的定义。网民一词来自英语的 Netizen,是一个混成词,源自互联网(internet)及公民(citizen)两个概念。但现在常用 internet user(网络用户)表示。最早提出网民一词的是著名学者米切尔·霍本,他从人们主动与被动接入网络行为的角度,把网民分解为两个层面:一是泛指任何网络使用者,不管这个使用者使用网络的意图如何;二是对网络社会(或环境)具有强烈关怀意识,以集体努力的方式建构网络社群的一群网络使用者①。还有一些学者认为,并非所有的网络使用者都够资格被称为网民,只有那些须具有一定的特征与特质的网络使用者,才应称为网民。在中国互联网络信息中心公布的《中国互联网络发展状况统计报告》中,则把过去半年内使用过互联网的6周岁以上的中国居民定义为网民。笔者认为,无论以上哪种说法,都诠释了一个含义,即网民是由通过互联网进行互动交流,获取信息等操作的上网者所形成了一个新的人类社群,他们是网络社会最基本的行为活动主体。本书所说的网民,是以我国互联网信息中心的统计标准为依据的。

2. 网民的发展与变化。

中国互联网网民发展大致分为四个阶段:

第一阶段:1986~1995 年,是互联网在中国的启蒙和全面建设时期。

第二阶段:1996~1999 年,是互联网在中国的快速发展阶段。该阶段用户增长速度逐步加快,从 1997 年底的 67 万人

---

① 郭玉锦、王欢:《网络社会学》,中国人民大学出版社 2004 年版。

发展到 1999 年底的 890 万人，其中，大部分用户是通过拨号上网。

第三阶段：2000 年至今，是互联网的应用期和普及期。这一阶段，网民人数得到了迅猛增长。截至 2015 年 12 月底，中国网民数量已突破 7 亿，2016 年底达到 7.31 亿，全年新增 4 299 万人。互联网普及率较 2015 年底提升 2.9 个百分点[①]。自 2014 年以来政府更加重视互联网安全，全力打造安全上网环境，投入更多的资源开展互联网治理工作，消除非网民上网的安全顾虑，以及"宽带中国 2014 专项行动"持续开展等，进一步带动了网民数量的增加。新增网民通过不同终端接入互联网。（如图 3 - 1）

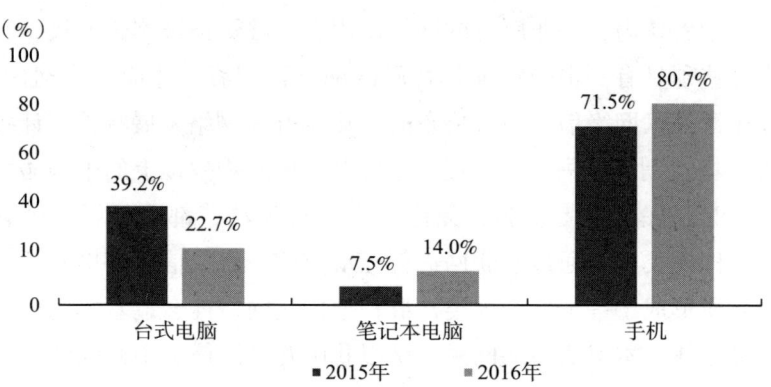

图 3 - 1　新网民互联网接入设备使用情况

资料来源：CNNIC 中国互联网络发展状况统计调查。

另外，与日本、美国相比较，中国互联网的普及率虽然相对较低，但网民的渗透率却高于这些国家。预计 2017 年，中国互联网用户渗透率将接近 70%，即近一半以上的中国人使用互联

---

① 《第 39 次中国互联网络发展状况统计报告》，2017 年 1 月。

网上网①。互联网已经成为中国人生活和工作形影不离的工具。

随着智能手机或终端设备使用率的提升,未来若干年内,移动互联网将继续渗透到我们的生活和工作中,在诸多方面改变和改善我们的生活和工作形态,人们对网络的依赖性也会越来越强。我国网民规模将继续呈现持续稳步增长的发展趋势。

3. 我国互联网用户结构变化。

自我国有互联网发展的权威统计报告以来,网民结构发生了很大的变化。

一是城乡结构的变化。随着城市化进程加大,我国农村部分相对发达地区人口逐步转为城市人口,这导致农村网民在全国网民中的占比略有下降。据《第42次中国互联网络发展状况调查统计报告》显示,截至2018年6月,我国网民中农村网民占比26.3%,规模达2.11亿,较2017年底增加204万人。

二是职业结构的变化。根据1997年《第一次中国互联网络发展状况调查统计报告》显示。(如图3-2)

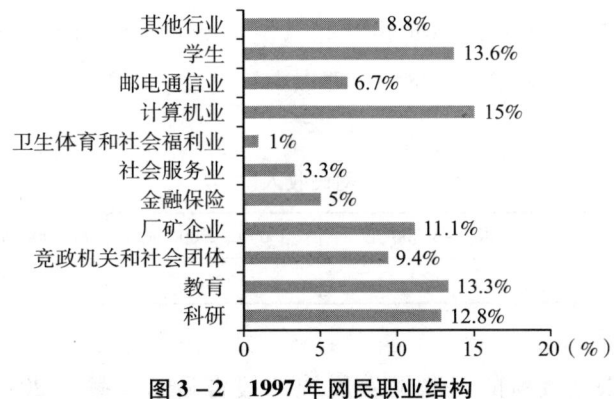

图3-2 1997年网民职业结构

---

① 2017年中国农村居民互联网渗透率将达53%,http://finance.china.com.cn/roll/20150715/3232051.shtml。

学生占网民总数的 13.6%，说明在互联网应用初期，网民的最大群体不是学生，也不是广大普通百姓，而主要是一些研究、教育等企事业单位，用以与外界沟通和交流的工具与手段。

随着互联网娱乐功能的增加，以及上网设备成本的降低，上网技术的简单化，以学生为主体低龄网民逐渐成为中国网民中最大的群体。截至 2018 年 6 月，学生网民占比达到 24.8%，互联网普及率在该群体中已经处于高位。个体户、自由职业者构成网民第二大群体，占比 20.3%。企业，公司高、中层管理人员和党政机关事业单位领导占比分别为 2.8% 和 0.3%，一般企业、公司和党政机关事业单位一般职员占比分别为 9.4% 和 3.8%。①

三是学历结构的变化。低学历的网民占比越来越高，说明互联网的普及面不断扩大。据中国互联网信息中心对 2005 年网民学历结构统计数字显示，网民中，初中文化学历者占 6.44%，高中、中专学历者占 23.45%，大专占 28.97%，大学本科以上者占 38.82%。而最新统计显示，目前，初中文化以下的网民占比达 54.3%，高中、中专、技校占 25.1%，大专占 10.0%，大学本科占 10.6%。

四是收入结构。根据 1997 年《第一次中国互联网络发展状况调查统计报告》显示，网民主要以中等收入家庭为主如表 3-1。

表 3-1　　　　　　　　网民收入

400 元以下	400~1 000 元	1 000~2 000 元	2 000 元以上
7%	58%	32%	3%

而根据最新的互联网发展统计报告显示，截至 2016 年 12 月，网民中月收入在 2 001~3 000 元、3 001~5 000 元的群体占

---

① 《第 42 次中国互联网络发展状况统计报告》，2018 年 8 月。

比最高，分别为 15.3% 和 21.5%。

五是年龄结构。从网民的年龄结构来看，无论是互联网发展初期还是现在，年轻人均是互联网应用的主要成员。如 1997 年互联网统计报告中的数字显示，我国 40 岁以下的网民人数占网民总数的 88.3%①；2016 年，网民以 10～39 岁年龄段为主要群体，合计比例仍然达到 70.8%②。

从以上的数据显示来看，我国网民结构基本呈现一个低学历、低收入、低龄化的态势。

（二）网络社会群体

社会由无数个小型群体构成。社会群体，指通过一定的社会互动和社会关系结合起来并共同活动的人群集合体。③ 群体的形成是建立在群体内部的相关人员的本能的认同、习惯的相同、与思想有关的共同记忆之上的。现实社会群体的基本形式主要基于血缘、地缘和业缘。如以血缘关系结合起来的，由母亲、父亲和子女共同生活在一起的一组人，称为家庭；他们共同生存活动，同时也是一个社会群体。以地缘关系结合起来的，比如同一个城市，同一个区县，同一个村落或同一个街道等，形成同乡、邻居等群体；以业缘关系结合起来的则是各种职业群体，如同事、同仁、同僚等。群体是社会协作的产物，是一种极为普遍的社会现象，涉及人类生活的各个方面，有政治群体、工作群体、娱乐群体、密友群体等。一个人可以同时参加几个群体，他可以是家庭成员，又可以是工作群体的成员；可以参加工会组织，又可以归属于某个党派。群体是这样的一些人，他们在一定的空间和时间内相互作用，直接或间接地使有效的相互作用在持续性、广泛性

---

① 《中国互联网络发展状况统计报告（1997/10）》，http://www.cnnic.cn/hlwfzyj/hlwxzbg/hlwtjbg/201206/P020120612485123735661.pdf。
② 《中国互联网络发展状况统计报告》，2018 年 8 月。
③ 社会群体，http://baike.baidu.com/view/183593.htm?fr=aladdin。

和融洽性上达到密切的程度，并形成一个内部准则。学术界多数人认为，社会群体是人们通过一定的社会关系结合起来进行共同活动的集体，是人们社会生活的具体单位。①

  网络社会与现实社会共同构成了人类社会的群体。随着信息技术的不断更新换代，为人们提供了一个新的更广阔的互动与交流的场域，越来越多的人进入网络空间，无论你处于何地何时，都可以在这个空间中交流思想、发表评论、展示自我，构成了与现实社会有所差异的新的群体。如某个论坛中的成员，他们有着共同的兴趣爱好和习惯，遵守着共同的规则，共享相同的网络信息，并且经常进行互动沟通，呈现了一种交互作用，对论坛的发展起到了共同的作用。在现实社会中，人们在特定的区域共享生活，通过物理存在的交流方式进行互动，构成了一个现实存在的群体；而在网络社会中，人们在技术平台上把这种群体的构成进行了延伸，模拟现实社会中的交流方式，跨越时空以网结缘，形成一种新的群体存在形式。这种群体大量地存在于网络社会中，如不同背景、不同肤色的人们可以就全球某个地区发生的事件组成一个讨论组，各自的见解只需要在网络终端上完成，无须现实中的社会行为。尽管虚实社会中群体的交流形式有所不同，但在交流数量和规则等方面还是有相同之处的。主要表现在，一是人们互动交流的基础；二是社会角色，如论坛版主与发帖者的角色。这些角色也对应了一定社会关系；三是对于群体中的违规者会被清除出局；四是有一定的归属感。

  尽管网络社会群体具有很多现实社会群体的基本特征，但在互动环境等方面却有着很大的差异。一是互动场域和空间的差异。人与人之间互动的场域和空间不同，是网络社会与现实社会较为突出的差别。现实社会中，人们在相对固定的场域中交流与互动，并形成相对固定的群体，交往空间有很大的局限性；网络

---

① 郭玉锦、王欢：《网络社会学》，中国人民大学出版社2004年版。

社会群体则跨越了时空界限，人们互动交流的场所存在于互联网中，如在北京可以与成都或福建乃至世界其他国家的人结成群体，不会因地理位置的不同而影响或中断彼此互动的频率。因而，大量的社会组织也会利用这一点来扩大自己的群体范围。二是在现实社会中有明确的成员关系，特定社会群体中的人称自己为该群体成员，并期望本群体成员做出某种有别于群体外成员的行为。这种群体成员之间的关系不是临时性的，他们保持比较长久的交往。而网络社会群体成员之间的交往，很大程度上具有不持续和不紧密的特征。主要表现在，人们可以同时注册不同的网络社会的社团、组织。尽管某些网络社会群体成员间的交往紧密，但从整体来看，交往不紧密是比较突出的现象。人们可以根据自己的意愿随时退出或进入某一个网络社会群体，群体意识和归属感不强也不持久，这恰恰显示了互联网的"自由"性的本质。三是社会关系相对简单。现实社会群体中有明显或不明显的领导与服从的关系，以及伴随此种关系的内部权威。而在网络社会中，群体角色和社会关系相对简单化，人们通过网络结缘，相互之间的关系不是现实社会中身份的延续。与现实社会相比较，群体中的相互依存性不是很强。四是与现实社会群体成员互动方式不同。在网络社会群体中，成员间的交流是匿名的，在规则允许的范围内，带有一定的身份虚假性。因此，成员之间，彼此缺乏认知感和认同感，也很难被其他外部社会成员认知和认同。

（三）网络社会社区

"社区"的概念最早由德国社会学家滕尼斯于1887年提出，他强调社区是具有一定血缘联系的社会共同体，而现代意义上的社区则是一个地域共同体。[①] 近些年，我国的很多社会学家开始对"社区"进行较为深入的研究。虽然对"社区"的理解和认

---

① 蒋奇：《社区建设与管理》，北京大学出版社2008年版。

识各不相同，但在社区构成的基本要素上则普遍认为，一个社区应该包括一定数量的人口、一定范围的地域、一定规模的设施、一定特征的文化、一定类型的组织。虚拟社区是伴随着信息技术发展而逐渐形成的，它在某些属性上与现实社区有所差异。

1. 网络社会社区解析。

社区是社会的基本单元。按照社区的空间形态来划分，现实社会包括城市社区和乡村社区。随着信息网络技术进一步发展，互联网应用不再是简单地将BBS、各种论坛、聊天室、游戏集合在一起，而是形成了一个功能较齐全的社会，逐渐成为真正意义上的"社区式"社会。

现实社区会侧重"共同文化"和"共同地域"两个基本属性中的其中一点。如"六里桥社区""亚运村社区"等。这些社区侧重共同地域属性；而"华人社区""客家社区"等，则侧重共同的文化属性。不过，无论所指的侧重点如何，社区一词，都是强调群体成员之间的文化维系力和内部归属感。而网络社区不具有现实社区的地域属性，并非是一种物理空间的组织形态。网络社区概念，最早由霍华德·莱茵古德提出，指由具有共同兴趣及需要的人们组成，成员可能散布于各地，以志趣认同的形式，并以虚拟身份在虚拟空间聚合的网络共同体。由网民在虚拟空间进行频繁的社会互动形成的具有文化认同的公共领域[①]。借助于现代信息技术，生成的与城乡社区等地域空间意义上的社区不同的网络社区，越来越成为人们现代生活的重要组成部分，浏览BBS、进聊天室、发E-mail、用Web进行信息查询或发布，用QQ或MSN即时聊天、写博客、发微博、网上购物、网上找工作、网上学习、网上娱乐、网上交友与网上恋爱等，或多或少成为许多网民不可或缺的日常活动。它形成了人们信息交流、情感寄托、知识传递、经济往来的新型社会空间。

---

① 郑杭生：《社会学概论新修》，中国人民大学出版社2003年版。

网络社区与现实社区相比较，具有很多特性。

第一，网络社区是一个无时空的、非现实存在的空间。人们在网络社区的交往中，缩短了时间，消除了距离，忽略了文化差异。信息技术的飞速发展，使人们摆脱了现实中地理位置的限制，聚集在一个共同的非物理存在的空间中。

第二，人们隐藏在网络终端背后。现实社会中的个人信息，如性别、年龄、相貌等得到了充分的隐匿。人们的行为具有了"虚拟化"和"非实体化"的特征。也正是这一特点，容易引发网络勒索、诈骗等犯罪行为。另外，由于互联网的特性，在虚拟社区中信息传播速度快，信息瞬间为全社会知晓，人们无法在较短的时间内辨别真伪，加之放大效应，会使一些不良信息的传播给社会稳定带来了很大的负面影响。

第三，网络社区拓展了交流空间，人们可以在社区中任意表达意愿和评论，自由地创造任何自己想要创造的东西，按照自己的意愿与人交往，不受现实社会身份、地位等诸多因素的约束，实现了精神上的平等。人类社会因使用计算机和互联网技术而产生的一种崭新文化形态，即计算机文化，在网络社区中得到了具体的体现。

第四，网络社区中，人们可以感受到充分自由、民主的气息。出现危机时，社区成员可共同协商解决。然而现实社区的等级观念，在虚拟社区中也有体现，只不过内容和形式发生了变化，如老的社区成员会轻蔑社区新成员，超级用户会获得更多的特权等。

第五，网络社区中，人与人之间的关系相对比较松散，人们可以根据自己的偏好随意进退某一社区，不受太多的条件束缚。

第六，网络社区具有不可控的特性。随着网络社区以其特有的存在方式和社会影响程度越来越大，网络事件的"叠加效应"对社会文化经济形成了一定冲击。

就网络社区和现实社区而言，前者是对后者的映射、延伸和拓展，并非凭空而来，对后者也会产生一定的影响。前者强调心理基础，后者强调物理空间，两者在社会功能实现上相互作用与补充。无论组成形式如何，所属成员必须具有某种程度的社区意识，即共同的归属认同感。

2. 网络社区功能。

互联网的诞生，改变了人们的生活方式，拉近了人与人之间在社会生活中的距离，使之跨时空的全面交往成为可能。社区功能可分为两个层面：一是从网络的技术功能来看，可大致把网络社区分为以下几类：网上论坛（含BBS）、新闻讨论组、用户讨论组、网络聊天系统、多人游戏城等。这是网络社区最初发展出来的几个基本形式，其中有的社区既有异步交流的功能，又有同步交流的功能。之后，又发展出专门的网站社区和网站开辟的大型综合社区。二是从内容角度来看，第一个功能，是人们可以在网络社区中调解或调适在现实社会中的冲突，释放不满情绪。可以说网络社区成了一些人规避现实社会挫折的"避风港"。第二个功能，是促进人们的交流与沟通。在现实社区边界越来越封闭，人与人之间层级界限越来越明显的今天，网络社区以其独有的便利性、隐蔽性等特性，构建了一个在现实社会无法满足的交流平台，提供了一个新型的生活交往环境，包括信息沟通和交流方式、民意的形成和民主的运作，获得信息资源等。如网络社区提供了实时交互的聊天服务。聊天时，除了用文字表达以外，还可调用丰富的表情和动作。任何人都可以自由出入，谈话的内容不受限制。还有一种交流方式，即由聊天室的开设者控制谈话的内容，对聊天对象进行取舍。第三个功能，是网络社区可提供各种服务。这一功能的实现，主要来自一些大的网络社区，如搜狐社区等，诸如教育环境及辅助教育系统、娱乐资源和环境、医疗保健系统、社区商店、购买火车票、飞机票等服务。

网络社区为人类提供了另一类生存空间，为民众营造了一个可以同时共享又彼此分离的宽松、自由的生活环境。在社会生态日益繁杂、不确定的今天，人们的心态更接近于"本我"。网络社区最重要的功能，在于它提供了一个自由而全面发展的环境，鼓励人们最大限度地挖掘自身的潜力，展示才华。但网络社区毕竟是人们生活的一部分，它不能代替人与人在现实社会中的直接沟通与交往，不能代替人们的现实生活。因此，我们所要做的是利用虚拟的环境与空间，更好地完善自己。

网络社区是以人的交流为中心的特殊的网络服务形式。从社会交往的角度看，网络社区的出现源自人们对自由生活渴望的驱使，人们可以按照自己的生活特征，在虚拟的空间与人、与信息自由交往。当我们在质疑网络社区存在的实在性，当我们无法摆脱有关网络社区的实与虚的简单化的二元对立时，其实是在忽视以下清晰可辨的事实：即虚拟性只是网络社区的表象，实在性却是它的灵魂。

3. 网络社区的自我表达方式。

网络社区中的自我表达折射的个体行为，是网络社区活动的主要内容。德国著名社会学家马克斯·韦伯认为，个体或若干个体的行动是社会的基础。网络社区中，人们利用社区提供的各种工具抒发情感和表达意见，是一种主动个体行为。其主要方式：一是论坛。这是网络社区成员最主要的活动场所，大家可以在这个区域中交流思想，探讨问题，答疑解惑等。在一些专题论坛中，如家长论坛、行业论坛等，也会形成一个个讨论区，就某个专题各自发表意见、交流感想和提出问题。每个讨论区后有一个主导者，称之为楼主（或版主），参与讨论者可根据楼主提出的主题发表自己的看法，也可与其他参与者讨论共同的话题。在这个过程中完全是一种自我表达方式。二是个人网页和网站。这是早期在互联网上的自我表达方式，人们通过建立个人网站或个人主页，宣传和展示自己，以获得他人的认知。这种方式常被很多学者或名人所采用。随着新技术的发展，这种自我表达方式逐渐被博客、微博和微信所取代。三是个人空间。QQ空间是腾讯主打的一款在虚拟空间中自我表达的产品。在这个空间中,人们通过图片、视频等多媒体方式展示自己,在与别人分享空间信息的同时,也可与他人根据某个话题进行互动。四是博客。它曾是自我表达的主流方式。博客始于1998年,开始真正流行于2000年;同年进入中国,并得到迅速发展。有人把它称为是一种新兴的、个性化的、通过互联网来实现传播目的的自媒体。博客通过电子日记的方式,记载着个人的情感、经历、社会事件评论以及个人作品等。在博客应用的高峰期,很多名人开设了个人博客,政府也开始关注博客,甚至一些地方政府还要求政府工作人员开设个人博客。五是微博。微博又称为微博客,所发信息限制在140文字之内,① 它以简短,快捷等特性,逐渐取代了博客的烦琐与冗长。微博是一个基于用户关系分享、传播以及获取信息的方式。人们可以通过不同的网络协议和各种客户端组建个人社区,实现即时的、单向发布与双向互动的方式共享信息。在自我表达的同时,人们通过微博维系着社会交往,很多普通网民、名人都建立了个人微博,各级政府与官员也纷纷建了政务微博或个人微博。据第34次《中国互联网络发展状况统计报告》显示,截至2018年9月,我国微博人数达到3.37亿人。六是微信。由于移动互联网技术的发展,以及智能终端的普及,微信近年来被用户所广泛使用。它是继博客、微博之后的一种即时互动的平台。在实现语音短信、视频、图片和文字同时,通过共享流媒体内容的资料和基于位置的社交插件"摇一摇""朋友圈""公众平台"等服务,建立一种社会交往关系。七是游戏角色扮演。网络游戏有别于单机游戏,即多个玩家通过互联网在虚拟环境下对人物角色及场景,按照一定的规则进行设计,以达到娱乐和互动目的的游戏产品集合。网络游戏把社会性协作引入了游戏中,是一种人造的,或者是想象中的微型"虚幻社会"。通过游戏的角

---

① 2014年1月取消字数限制。

色选择和扮演，实现自己对社会的认知，在游戏中展现出真实的自己，或许是正面，或许是负面，在一定程度上实现自我表达的功能。

4. 网络社区权力。

网络社区的形成，是以人与人之间的互动为基础的，也会有体现它自身特性的权力结构和运作方式。郑永年在《技术赋权》一书中谈道：网络和社区可以以不同的方式进行建设。人际沟通和交换的网络是任何一个社会都具有的特征。这些网络中的一些是"横向的"，它将同等地位和权力的代理人连接在一起；而其他则是"纵向的"，它将不平等的代理人联系在一个不对称的关系中，这个不对称关系是分等级的，而且内部是有依赖关系的。[①] 网络社会关系是同等级别间的横向关系，这种横向延伸的特性，有效地打破了纵向的官僚等级结构，使社会结构趋于扁平化。网络社区权力，是网络环境下人类互动衍生出的一种权力分层结果，既有显性权力又有隐性权力。

一些网络社区中存在着与现实社区类似的显性虚拟权力，如社区管理层，它具有强制性的力量，统筹与规范社区的日常秩序。网络社区的正式权力结构，由网络社区管理公司、社区主管、各个社区管理员、各栏目版主构成。社区主管向网络社区管理公司负责，社区管理员向社区主管负责，论坛版主向社区管理员负责，采取下级向上级负责制，是一种垂直系统的管理结构。而最高权力的拥有，则是网站的建设者。

网络社区由于它所处的环境、背景和作用，存在着不同于现实社区的隐性权力，主要体现在以下几个方面：

第一，隐形性。网络社区是把一些具有相同兴趣或相同话题的人聚合在一起而形成的。话题成为人们互动的纽带和依据。在虚拟环境中，人们互动方式主要是借助文字符号，因此，对于权

[①] 郑永年：《技术赋权》，东方出版社2014年版。

威的评价标准也与现实社会不同。引领话题讨论的走向，是一种话语权，它是隐性的，来自社区成员自身的素质。这种个人素质可以表现在学识丰富、见解深刻、文笔流畅优美等方面。那些有较高文字功底，或者对事件经常提出独到见解的人，往往会引发其他成员的关注，并产生影响，从而在社区中逐渐树立威望，获得权力。如论坛楼主（版主）、微博大V等。这些人在网络社区中，因为表现出较高的个人素质而得到其他社区成员的认可，通过自我表现获得影响力和支持率。但这种权力通常不具有持续性，可能会因为个人或事件等因素而消失。如原本拥有话题主动权的人不再参与或是较少参与此话题的互动，权力就会很快消去。

第二，不固定性。在网络社区中，权力更多地体现在话语权上，而这种话语权是不固定的。如在论坛中，针对某个帖子，一段时间内某个人可能会成为一个焦点，形成话语中心；而随着互动过程的深入，话语权会发生转变，产生新的话题。因此，虚拟权力核心非常容易由于话题的改变而易主。另外，无论权力拥有者是否具有正式的网络社区权力，如社区论坛楼主（版主），互动中权力获得的来源主要是参与者所表现出的自身质素，并不是外界强加的，因为网络社区成员要遵守社区规范，受到正式权力的约束。但是，如要退出社区也不会受到正式权力的影响和限制。

第三，有限性。由于网络社区中群体互动，是以一种松散方式存在的，因此权力影响范围是有限的。它只在网络社区环境下起作用，在现实社会中没有效力。另外，网络社区的形成并非统一的一种模式，不同的社区都会制定一些规则来维护本社区的秩序。这种显性的、强制性的权力，不会跨越本社区而去管辖其他网络社区，这一点与现实社会有所不同。

三、我国网络社会动员模式和特点

改革开放后,我国社会动员的形势、主体及其手段等都发生了变化。特别是随着互联网技术的迅猛发展,网络社会动员以其独特的方式和不可阻挡的势头,逐渐成为社会动员中的重要角色。

(一) 网络社会动员的主要特点

近年来,焦点型、诱发型、泄愤型等网络群体性事件频繁发生,而利用网络手段为主要形式的网络社会动员,以其独特的方式和不可阻挡的发展势头,逐渐成为社会动员中的重要角色。相对于现实社会动员而言,网络社会动员主要呈现以下五个特点:

1. 参与的广泛性。

由于互联网参与者具有点多、面广、匿名等特性,网络社会的信息传播往往呈现出一种"蝴蝶效应"。其参与度不仅比现实社会更加广泛,而且,通过网络不断扩散,还显示出无限放大的功能。目前,我国网民已达七亿多,人员结构涵盖社会各个阶层。他们通过互联网、计算机或各种终端设备,从全国各地接受和发布各种信息。面对社会上存在的现实危机和潜在危机,每个网民既可以是社会动员的受众客体,也可以是发起信息源的动员主体。他们有条件接受并处理信息,做出肯定什么,否定什么,采取什么行动的判断。这种判断,会直接影响社会动员的结果。

在网络社会动员中,通过网络传播方式来实现整个的动员过程,而这个过程是松散的,完全取决于公众个体,无法预估客体的范围和人群属性,实现目标的预期也不好掌握。因此,在网络社会动员中,若要使目标最大化,具有更广泛的社会参与度,是其基本保证。但是，如果参与者过于松散，也会给目标的实现带来某种不确定性。

2. 动员的高效性。

传播速度快，是网络社会中信息流动的主要特征之一。在以发达的通信网络为基础的网络社会中，信息可以被瞬间传递出去，并迅速扩散。无论是官方的，还是社会组织，或者个体的意见表达，就如同原子运动那样，快速、不断地分裂、碰撞，短时间内便会发生作用，最终产生出巨大的社会聚合能量，动员效率大幅度提高。如果某些意见的表达是不负责任的，缺乏法律约束与社会道德规范，甚或是别有用心的，就将会演变为个人发泄怨愤的社会冲突。在网络社会动员中，以往那种通过大规模的运动来统一人们思想的做法，是难以奏效的，而谁把握了民意，谁就能够获得网民广泛认同，谁就能在网络社会动员中掀起轩然大波。

3. 目标的不可控性。

在网络社会动员中，动员的目标并不像现实社会动员那样明确和可控。因为就整体而言，互联网呈现的是分布式网状结构，结构中存在诸多节点，对结构中某个局部的物理摧毁，难以对结构整体产生实质性影响。换句话说，对网络社会动员所选择的目标，短时间内无法进行有效控制。如国际恐怖组织和一些极端组织，往往是利用互联网招募成员、组织恐怖袭击、散布有利于自己的各类信息，为实现其目的进行网络社会动员。

由于我国在经济的快速发展过程中，各种社会矛盾交织，并有进一步加剧的可能，网络社会存在一种除常态与非常态动员形式之外，与社会主流相悖的非理性动员。某些别有用心的人，会试图利用网络社会动员的特征，谋求与政府和传统权威相抗争的力量。

4. 动员方式的多样性。

互联网的特性，决定了网络社会动员的信息传播的多样性。

它不像现实社会中，利用报纸、书刊、广播、电视等传统媒体进行的单向动员，也不是从上到下，以"决议""指导""指挥""命令"等形式出现的、刚性的纵向动员，而是通过互联网、信息通信等技术手段，采取信息的"病毒式"传递方式，不断汇聚社会舆论和群体意识，作用于现实世界的过程，进而影响和推动社会进程。

网络社会的动员主要依靠网络媒体。网络媒体有着传统媒体所不具备的优势：即时性、交互性、弥漫性、匿名性等，可以即时分享信息，交流观点。特别是信息技术发展到 Web2.0、Web3.0 时代，为网络社会动员提供了一个很好的契机和具有开放性特征的动员平台。人们依托这个平台发布信息，同时也在接收信息。由于其信息发布的平民化、个性化、交互强、传播快等优势，人们可以相对容易地表达自己的情感与观点。这种观点经过网络传播，极易引起舆论响应与集体共鸣，从而使一个微小的事件演化为一个社会焦点话题。如利用微博进行动员。它往往始于某个微博客发布的某一条或多条微博，如果内容引起关注者的共鸣，则会被粉丝转发，继而再被粉丝的粉丝转发，形成发散式传播。

我们已经进入了移动互联网时代。截至 2018 年 8 月，我国手机网民规模 7 亿。大量交互式新媒体的出现，使人们的交流沟通方式也发生剧变。动员主体借助网络、手机等新媒体，呈现事实、建构议题、沟通信息，共同阐释、定义和重新定义社会事件，促使人们采取集体行动。可以说，移动互联网的出现，促成了又一个更加方便的交互式平台，为网络社会动员提供了一条新的途径。

5. 动员主客体的互换性。

在网络社会动员中，没有明确的主体和客体，而其动员的主体和客体，是可以相互转换的。网络社会中，权威性的高低不会影响着动员的效果，人们并不迷信权威或名人，价值取向以个性化为主。大多数主动参与者，某种程度上起了社会动员主体的作用。由于利益关系使然，在同一事件中的同一个人，很可能既是主体，又是客体。同时，动员主体不是单一的，可能是政府，也可能是论坛的版主，或许是微博客的博主，而通常也不是同一个人。

不可否认的是，与现实社会相比，网络社会中，人们交流的广泛性和自由度在不同程度上都得到了拓展，个人可以凭借着自己的兴趣在网络上组成不同的共同体。这种行为，在某种意义上构成了一个广域的动员环境。新媒体的出现，促进了现实社会中不可能完全实现的个人主体性的发挥。因此，动员主体的不确定性成为可能，网络社会动员主体身份的"平民化"和"非官方化"的等特征更加凸显。

（二）网络社会动员模式

互联网即时性、互动性、多元化的信息传播特点，改变了传统动员模式。网络社会动员模式，主要体现为网上网下互动，并利用网络舆论进行社会动员。论坛、博客、QQ、MSN、微博等社交网络，以及手机短信、微信等移动互联网新技术，成为社会动员的重要工具，在社会政治动员过程中发挥着重要的作用。特别是网络群体事件的动员模式，近几年受到了政府及专家学者的广泛关注。随着技术的发展及应用的普及，互联网的功能不再仅仅是信息和知识的传播，更是社会动员的工具和场域。传统互联网和移动互联网的应用，形成了多网络交往和传播形式的多样化，从而在网络社会中汇集了大规模、多形态的网络舆论。进行有效的社会动员，成为网络舆论作用于社会现实的显著方式，同时也成为群体性事件的导火索和推进器。根据网络社会动员特征，动员模式可分为三种：

一是焦点型社会动员模式。这种模式的最大特点是，由某一焦点事件引发和导致。由于事件本身具有极高的关注度、震撼力和新鲜感，因此，该模式成为现实社会与网络社会相互作用的最常规的动员模式。如发生在2008年的"抵制家乐福"事件，就是一起非常典型的由网络社会动员引发的群体性事件。2008年4月10日，北京奥运会火炬在巴黎传递时，遭到"藏独"势力的破坏和阻挠。法国一些媒体借机刊发文章进行嘲讽，引发境内网民对法国的强烈反感。当天有网民在大型网络社区发帖，以家乐福大股东路易威登－莫特轩尼诗集团资助达赖集团为由，鼓动抵制法货、抵制家乐福。由于这些社区具有庞大的用户群体和巨大的影响力，帖子在短时间内得到众多网民高度关注和响应，引发现实社会的抵制行动。从4月13日起，北京、青岛、福州、西安、大连、合肥、济南、成都等地，均出现抵制家乐福事件。直到4月20日家乐福公司通过央视澄清了有关"资助达赖"的传言，抵制活动才逐渐平息。

二是维权型的社会动员模式。这一模式主要特点是，当公众认为自己的利益受到伤害或威胁时，采用的是在线下设定动员目标和利益诉求，然后通过网络推手或发起人在互联网进行传播，从而完成社会动员的过程，以此推动目标的实现。如近几年，连续发生在四川什邡、江苏启东、浙江宁波以及云南昆明等地因环境保护而引起的群体性事件，就是这一动员模式的具体表现。因此，维权型社会动员，是特定组织或机构或群体，为了谋取自身利益，通过网络"舆论领袖"发布议题，凝聚人气引起广泛关注，继而上升为群体事件的过程。

三是诱发型动员模式。这一模式的最大特点，体现在网络扩散的"蝴蝶效应"。由于信息发布的平民化、个性化、交互强、传播快等特点，人们可以相对容易地表达自己的情感与观点。这种观点经过网络传播，极易引起舆论响应与集体共鸣，从而使一个微小的事件演化为一个社会焦点话题。如一些群体性事件在开始时，事件或问题本身并不显著，影响范围和人数有限。但随着事件的发展和新媒体的介入，人们通过互联网、手机将他们的所见所闻，以文字、图片、音频、视频形式发布到网络上，充当起

"公民记者"的角色，使事件的性质和影响迅速改变，逐步升级，演变为网络群体事件，继而掀起网络舆论的轩然大波，进而引发现实中的群体性事件。

由此看来，由网络社会动员而引发的社会运动都显示了网络社会中社交网络强大的跨社会阶层、跨地域、跨国界的现实社会动员能力。然而，这种力量如果不能得以有效地规范，必将对社会稳定与经济的持续发展产生负面影响。网络社会动员的目标设定、动员过程都是在线上完成的，而社会行动则是在线下完成，整个的社会动员是在网络社会和现实社会之间交替实现的。由于互联网匿名性特点，以及互联网监管还不够健全，网民在网上发的内容，往往具有随意性和不可控性，部分言论在网民积极参与中被迅速积聚为群体性情绪，并通过网络传播和放大，成为网络社会动员中一种自发的行为和诱发因素。而部分网民发布的针对热点事件，以及涉及群体利益诉求的带有群体性色彩的公开信、倡议书、呼吁书等，更会在网上迅速传播并引起网民共鸣。这种动员模式常常是引发群体性事件的直接导火索。

四、网络社会动员的现实存在性

（一）网络社会动员的现实存在分析

随着经济的高速发展和社会形态的转型，社会动员也发生了比较大的变化，逐步形成了党和政府主导、单位和社区及社会组织协同、广大群众积极投入的社会动员机制。特别是互联网时代，网络社会动员的频繁出现，线上和线下的相互交织，形成了一种新的社会动员模式：一是由于多元化与充满冲突的转型社会中，日益觉醒的草根阶层维权意识空前强烈，但发表意见的渠道却不够通畅，网络动员成为常规渠道下个人表达和需求受限的替代性补偿；二是因为网络的媒介特质和日益强大的影响力已足以担当起社会动员的重任。

1. 预期目标的设定。

目标明确，是现实社会和网络社会动员共同的特征，即将预期的社会目标传达给被动员群体，通过不同的动员方式，使之行动起来，参与到其中，以期共同实现这一目标。从广义上讲，现实社会与网络社会都拥有共同的被动员的受众人群，并且在动员过程中力求参与群体最大化。动员主体上也有所重合。从狭义上说，网络社会动员是现实社会动员的补充。

网络社会动员中，既存在现实社会中的常态与非常态形式，也存在一种与社会主流相悖的非理性动员。由于经济社会的超常规发展，各种社会矛盾加剧，某些人会试图通过网络社会动员，获得与政府和传统权威相抗争的力量。互联网增强了"草根阶级"从底层重建社交结构并构筑集体认同的能力。自媒体时代，个体的意见表达，就如同原子运动那样，快速、不断地分裂、碰撞，最终产生出巨大的社会聚合能量。如果这种个体的意见表达是不负责任的，缺乏法律约束与社会道德规范，甚或是别有用心的，就将会演变为个人发泄怨愤的社会冲突。这种冲突，因网络动员的交互性与传播的快速性而更具破坏力。这在近几年发生的群体性事件中就可以窥见一斑。如在中国与日本关系出现低点的时候，通过微博、微信等发出的抵制日货动员层出不穷，反映到现实社会，导致了群众的一些不理智行动。透过这些表面行为，折射出对现实社会的不满情绪。

2. 主体与客体的关系。

现实社会动员有比较明确的主体和客体。在非常态情境下，动员主体主要是政府，或者是政府组建的特定机构等；在常态情境下，动员主体主要是基层自治组织、社会组织等。这些主体运用行政权力或组织自身的威信，对作为被动员者的大众或组织成员进行动员，使被动员者按照发起者的意图进行较大规模的社会活动，以达到发起者预期的目的。① 由于政府掌握着大部分社会资源，可以比较方便地调动人力、物力、财力，特别是在突发事件以及重大社会事件中，凸显了政府社会动员的能力。因此，政府在现实社会动员中起到了其他组织无法替代的作用，并且容易对社会动员的过程进行主动地、积极地干预，使之向着政府所期望的方向发展。

但在网络社会动员中，动员主体不一定是政府，它也许是论坛的版主，也许是微博客的博主，而主体通常不是同一个人。匿名性是网络社会的主要特点之一，尽管实名制已广泛应用于微博等即时通信平台中，但大部分人在使用过程中，仍然以个人代码为主，如微博中的命名，QQ中的昵称等，前台使用者无法确认发起者和组织者的身份。所以，相对于现实社会动员主体的"官方"背景而言，网络社会动员主体的身份更具有"民间化""非官方"的特征。

网络社会动员试图通过互联网、信息通信等的技术手段，采取信息的"病毒式"传递，汇聚社会舆论和群体意识作用于现实世界，影响社会事务或社会现象的过程和结局。其能否达到预期目标，取决于动员者发布的信息是否会引起被动员者心理上的认同，或与被动员者自身利益的关联度。其中"牵涉的利益关联包括社会利益、经济利益和情感利益等。"②

在网络社会，人们并不迷信权威或名人，价值取向以个性化为主，大多是主动参与，某种程度上起了社会动员主体的作用。网络社会动员的主体与客体，是可以相互转换的，由于利益相关使然，在同一事件中的同一个人，很可能既是主体，又是客体。

网络社会动员客体有两个较为突出的特点：一是认同感。这

---

① 张迎辉：《微博的网络社会动员与传统社会动员的区别》，载于《现代视听》2012年第8期。

② 俞鸿：《网络动员：如何从虚拟到现实？》，载于《东南传播》2010年第1期。

种认同感越强,所产生的凝聚力越大,越接近于目标的实现;二是年轻化。网络社会中以年轻人为主要群体,他们也是社会动员中的主要对象。据《第39次中国互联网络发展状况统计报告》中的数字显示,在7.31亿网民中,其中10~39岁年龄段的网民比例是73.7%;20~29岁年龄段的网民占比最高,达30.3%。大部分人具有初中以上的文化水平。由于年轻人自我意识较强,他们往往以自己的理解来判断动员目标。因此,他们不会盲目地跟随或被动跟进,主动参与是他们最大特点之一。

3. 动员手段的拓展。

在目标明确的前提下,能否通过有效的宣传鼓动策略唤起广大民众采取共同行动,采取什么样的社会动员手段是关键的因素。多年以来,报纸、书刊、广播、电视等大众媒体在社会动员中一直扮演着重要角色,是现代社会动员的重要工具。由于以上工具均只具有单向传播的功能,易于管理、控制,故此,在现实社会中,多为强制性动员,公众缺乏主动性。这种动员是一种从上到下的、纵向的刚性动员,常常以"决议""指导""指挥""命令"等方式,依靠行政手段进行,如通过动员大会、誓师大会等进行集中式动员。这种"命令式"的灌输,并不关注客体的信息反馈,以及指令传输过程中渠道的畅通,有时会形成"肠梗阻",影响预期目标的实现。

网络社会的动员主要依靠网络媒体。网络媒体有着传统媒体所不具备的即时性、交互性、弥漫性、匿名性等优势,可以即时分享信息,交流观点。特别是互联技术发展到Web2.0、Web3.0时代,为网络社会动员提供了一个很好的契机和具有开放性特征的动员平台。人们依托这个平台发布信息的同时,也在接收信息。由于其信息发布的平民化、个性化、交互强、传播快等特点,参与者可以相对容易地表达自己的情感与观点。

公众在使用互联网时不会受到任何限制。这就意味着,人们在网络社会里活动,可以获得在现实社会中所无法拥有的、某种意义上的更大权力。互联网易用性和广泛性,在一定程度上给社会动员手段提供了便利的条件。但与此相随,它也给一些危险分子进行恐怖活动提供了场所,为那些贪婪、缺少理性的人们创造了肆意宣泄的环境。近年来,网络谣言等负面情绪不时会出现在互联网上,他们通过互联网以一种煽动式的语言发表在微博、微信、论坛等社交网络上,获取网民的关注,然后通过网民的不断转发实现其负面动员的目的。

无论是现实社会还是网络社会,动员手段各有利弊。毫无疑问,网上网下交互式的动员手段,必将成为未来的一种动员方式而被广泛应用。

在社会动员中,主体与客体之间的信息互动是不可忽略的一个环节。现实社会动员的主体清晰、明确,处于强势地位,但信息的互动比较弱化。而网络社会动员的主客体界限相对模糊,信息沟通渠道较为畅通。动员主体可以通过评论、回复等手段随时了解目标实现的效果以及各种反馈信息。在这个平台上,信息是公开透明的,无论是动员主体还是客体都可共享相应的信息,通过互动讨论加速信息的传播,是一种可以充分利用信息资源的有效动员方式。

4. 网络社会动员对现实事件的影响。

我国网络社会动员,主要表现在两个方面:一是以公益行为为主要目的的网络动员;二是对现实社会不满而引发的一些非理性群体性事件,并通过互联网等现代传播手段进行动员和抗议。随着网络社会的出现和网民数量的不断递增和普及,不仅改变了群体性行为的动员环境,也改变了现实动员的组织方式。对社会中发生的群体性事件,网络动员往往起着一种推波助澜的作用,它因为其方便、快捷、低成本等特性,给群体性事件的动员带来了前所未有的便利,大大缩短了动员过程。如果政府与网络社会中的相关动员主体互动不够顺畅,在如何发挥网络社会动员的作用上认识不到位,仅是被动接受网络社会动员所产生的效果,就会失去社会动员的主导地位,从而影响事态的发展。

(二) 引导网络社会动员发挥正能量

1. 网络社会动员自下而上的"反向动员"模式。

在未来的社会动员中,网络动员将会起到越来越重要的作用,尽管现实社会与网络社会在动员主、客体和实现方法等方面存在差异,各有优劣,但在实现目标上应该是一致的。网络社会不可能脱离现实社会而独立存在,现实社会也不可能忽略网络社会已经存在的事实,二者理应相互融合,取长补短,共同构成一个虚实合璧的、良性互动的社会动员生态环境。网络社会动员要取得实际效果,就不能仅仅停留在虚拟空间里,必须扩展至现实世界,转变为现实的社会动员。这不仅需要动员主体在网络中做出努力,更需要动员客体在现实世界中做出反应。人们有时总把网络社会动员与群体性事件中的负面信息联系在一起,这种思维方式本身就有局限性。作为 Web2.0、Web3.0 时代的今天,互联网提供了一个更加快捷的交流互动平台,我们完全可以通过这个平台释放更多的正能量,如利用微博平台动员社会救助流浪儿童等。因此,要充分发挥网络社会动员自下而上的"反向动员"模式,有效弥补现实社会动员的不足,从而推动全社会健康和谐有序的发展。

2. 有效利用新媒体,释放正能量。

以社交网络为平台的新媒体时代的社会动员方式,使公共事件具有更广泛的社会参与度。特别是微博诞生之后,打破了传统媒体对公共议程单向设置的功能,使普通大众关心、关注的问题更容易进入公共视野。人们利用新媒体设置议题,以便引发大众的关注,有些是发帖人有意为之,有的则是意外之惊。微博作为新媒体的代表之一,它所传播的信息本身的内容特征,对形成公共议题起到了关键作用,甚至会成为舆论事件的重要导火索。舆论被点燃后,微博通过不断补充信息和内容,影响着舆论的走向。从这个意义上说，它还是舆论传播的方向盘和加速器。

在一些群体性事件中，微博的发布者许多是事件的参与者、见证者或者知情者。他们自身并不一定是微博舆论形成的重要节点和关键步骤，但是他们提供的议题具有"易燃性"，经过"意见领袖"和其他人的转发、改写、充实、评论后，形成强大的力量。通过微博广泛的传播，在网络中自行组织，形成强大的社会动员力量，将网民从虚拟空间引向现实行动。因此，需要构建具有正能量的网络社会动员空间，就要借助于新媒体的力量，形成一个健康向上的微博空间。近年来，政府在新媒体的认识上有所提高，政务微博数量不断攀升，并积极利用微博为政府服务，在微博问政、议政与参政方面积累了有益的经验，彰显了微博作为政府与网民沟通桥梁的独特价值。但是，政务微博无论从层次，还是内容上，都远远落后于大众微博。形式大于内容，是政务微博不能进行有效社会动员的要因。因此，行政管理部门应对各级政务微博进行制度化建设，对政务微博的形式、内容、维护、反馈以及评价等，都应该有明确的规定。政府机构应当积极占领微博这一舆论阵地，并通过日常沟通加强与网民的互动，在政策的制定、实施等过程中充分与民众沟通。

第四章

网络社会的治理模式

网络社会存在和发展依赖于现实社会,是现实社会的延伸和超越,网络社会中的社会现象和社会行为都能在现实社会中找到"影子",并且与现实社会相互呼应。网络社会中人们的行为对现实社会的不同领域产生影响,同样,现实社会所发生的事件也在网络社会引发反响和震荡。因此,认识和解决网络社会中的种种问题,既要找到其根源,破解其影响因素,也要不断化解网络社会中的矛盾和问题。随着互联网技术的发展和普及,人类对网络社会的依赖性逐步增大,网络社会治理日益提上了议事日程。对于网络社会的治理,国际上普遍达成了共识,但方式上却不尽相同。

一、网络社会治理基本内涵

网络社会治理其本质在于,人们所不断依赖的网络社会环境的有序性。治理主体由政府、企业、社会组织以及个人共同参与的多元主体所构成,因此明确网络社会治理任务和基本原则是网络社会治理成败所在。

(一) 社会治理

1. 何谓治理。

"治理"一词来自英语的"governance",它被赋予了很多的解释,并一直流传于学界。直到在中国共产党十八届三中全会上,"国家治理与治理现代化"作为总目标被提出,"治理"一词才开始进入普通民众的视野,并在各类媒体上红极一时。

"治理"的概念兴起于20世纪末,它出现于包括经济、公共管理、社会学等诸多领域。在国际上,世界范围最具影响的"治理"概念的定义,是全球治理委员会在《我们的全球伙伴关系》中的定义,该定义被人们广泛引用和传播。《我们的全球伙伴关系》中指出,"治理是各种公共的或私人的个人和机构管理其共同事务的诸多方式的总和。它是使相互冲突的或不同的利益得以调和并且采取联合行动的持续的过程。这既包括迫使人们服从的正式制度和规则,也包括各种人们同意或者以为符合其利益的非正式的制度安排。"同时也指出,治理是一个动态的过程,并非单纯的规则或者活动;治理的手段是协调、合作,而非控制;治理的领域既涉及公共领域,也涉及私人领域;治理是一种持续的互动,并非正式的制度安排。

我国学者在这方面做了很多研究,如俞可平教授曾在2004年指出,治理是指在一个既定的范围内运用权威维持秩序,满足公众的需要;治理的目的是指在各种不同的制度关系中运用权力去引导、控制和规范公民的各种活动,以最大限度地增进公共利益;治理是包括政治权威的规范基础、处理政治事务的方式和对公共资源的管理。它特别关注在一个限定的域内维持社会秩序所需要的政治权威的作用和对行政权力的运用。作为一种管理方式,治理有以下四个特征:治理不是一整套规则,也不是一种活动,而是一个过程;治理过程的基础不是控制,而是协调;治理既涉及公共部门,也包括私人部门;治理不是一种正式的制度,而是持续的互动。贺雪峰教授则认为,治理是指为获得公共秩序而进行的各种活动,包括协商、合作、自上而下的管理和自下而上的认同。这对农村政治社会研究特别有用,因为村民自治作为一种社会民主形式,其实质就是一个治理问题,或"善治"能否实现的问题。

还有一些学者认为:"治理"本身是一个不断发展、不断完善的概念,从"公司治理"到"公共领域治理"的拓展就充分说明了这个名词的延展性。治理实际上是对公共事务管理机制的制度创新。它打破了公共领域与私人领域、国家与社会的传统思维模式,把有效的管理看作两者的合作互动过程,力图建立起全新的公共事务管理新范式。

2. 管制、管理与治理。

无论是现实社会还是网络社会,政府都应恰如其分地为自己定位,特别是在网络社会中,政府要摆脱传统的思维,重新定位政府与网络的关系,深入探索政府在网络管理中的角色定位。

在网络社会管理机制中,政府的准确角色定位应该是"治理",而非"管制"。虽然仅一词之差,但它们所涉及的管理理念却有本质的差别。

"管制"字面意思是"控制、规章和规则"。从西方学者对于管制理论研究的文献中可以看出,"管制"是指政府对企业市场活动的直接干预,其内容包含了管制,主要由政府主导;管制需要立法,提供法律依据;管制过程中,企业和个人属于受管制群体等内涵。由此可见,对于网络社会而言,"管制"是由政府通过制定一系列政策法律来对网络社会中的违法行为进行干预的活动。而"治理"是一个比"政府管制"更加宽泛的概念,一般指"社会"与"政府"的共管共治,强调市场、社会组织和个人在社会管理中的重要作用。从内涵可见,治理的理念最适合网络社会的发展与管理。

从管制和治理这两个概念的内涵来解析,管制的主体是政府部门，企业或者个人只是命令的执行者；而治理的主体则是多元化的，包括行业协会、非营利组织等，政府部门不再是唯一的权力中心，更多地强调彼此间的互动与协调合作。从权力运行的方向看，管制是一种自上而下单向运作过程，是单纯的控制与统治，而治理则是一种上下互动、相互协商的多元关系。从运作手段来看，治理的手段比管制更加多元化，不仅包括法律法规，也包括自律、教育等。互联网的特性决定了在网络社会中崇尚的是个人自由领域，采取治理的方式而不是管制，会更适用于网络社会。

（二）网络社会治理

近年来，随着互联网应用技术的不断普及，网络社会治理已成为互联网时代国家治理的有机组成部分，并且越来越得到政府和学界的广泛关注。美国著名的未来学家阿尔文·托夫勒（Alvin Toffler）在《再造新文明》一书中谈到，人类文明的发展过程，经历了三次浪潮的冲击；每一次浪潮的冲击，都会带来社会生产力的大幅度提高，生产关系的急遽转型，进而引发社会结构的重新构建。人们的生产、生活方式，甚至价值观念，也会随之改变，形成一种新的文明。第一次浪潮发生在公元前8000年，是以锄头为表征的农业。人类从此脱离了茹毛饮血的野蛮生活，进入到农耕文明时代；第二次浪潮始于公元 1650～1750 年，是以生产装配线为表征的工厂和大众工业化，形成了所谓的工业社会文明。托夫勒断言，现在世界已经迎来了第三次浪潮。这个浪潮所带来的是一次量子跃进，人类将面临历史上最彻底的社会剧变及创造性的重建。① 这就是产生于 20 世纪 50 年代以后，以信息技术为表征的信息社会文明。在信息社会里，整个社会结构都会改变。同质社会将被多样性社会取代；生产经营上的大众营

---

① ［美］阿尔文·托夫勒著，黄明坚译：《第三次浪潮》，中信出版社 2018 年版。

销将被市场细分取代；家庭结构开始分崩离析；大众媒体分众化；人民生活形态与价值观趋于多元化。同时，旧有的权力结构和管控方式已不适应社会的要求，政治分类不再有原来的意义，世界将不会再回到工业社会时的服从领导、统一意志、官僚主义、霸道经济的时代了。

当今的社会，正处在第二次浪潮文明和第三次浪潮文明的冲突期，或者说是转型期。不论你是否愿意承认，目前，由信息技术革命所引导的第三次转变，已经对许多国家产生了深刻的影响。认识到这个历史现实的团体和政党，将会生存下来；而无视这个现实的人或团体，终究会被历史的洪流所吞没。

就像农耕社会的推动者是冶铁技术的发明，工业社会的推动者是蒸汽机和电力技术的发明一样，新兴信息社会的形成与发展，也是由技术进步所推动的，其核心乃是 20 世纪 90 年代掀起的计算机技术革命和基于网络技术所构建的互联网络。它们的产生、演变以及社会软件的持续开发，为现代意义上"网络社会"的崛起，奠定了坚实的物质基础，也是受第三次浪潮冲击，致使社会结构不断更迭的滥觞。

研究者们对网络治理的内涵也提出了诸多的观点。第一种观点认为网络社会治理，是指以互联网络和网络社会为主要指涉对象，在借鉴并适当沿用现代社会治理的价值理念、制度设计、体制建构和手段方式等的基础上，由政府、企业、社会组织以及个人等多方主体和多种社会力量参与其中，彼此通过协同努力来实施的一种社会治理的实践类型，目的在于形成网络社会生活的正常运行状态和群体生活秩序，促进网络社会文明的健康持续发展。网络社会治理，其实也就是针对网络社会共同体生活而实施的一种社会性治理。[①]

[①] 李一：《网络社会治理的目标取向和行动原则》，载于《浙江社会科学》2014年第 12 期。

第二种观点认为二元或多中心治理模式已经难以适应网络社会治理的需要。网络治理更适应网络社会多元、去中心、互联的特点，在各个层次上向着更交互、更自反以及更善于沟通的掌舵与协同治理转型，并且参与主体间的相互依存关系也得到了加强。①

第三种观点认为网络社会的治理最终需要建立起"引导—协商—立法—自治"四位一体的综合治理体系。

根据以上学者们的观点，使我们认识到，网络社会从组织结构、社会关联度等方面都不同于现实社会，它呈现了一种个体互联、异质、单元间高度关联、低密度、多元社群、横向结构以及媒介交流等特征②。因此，网络社会治理是一种多主体协同参与、扁平式关系、灵活的沟通方式的共治过程。

（三）网络社会治理基本原则

网络社会治理是全球范围内面临的全新课题，也是各国政府较为关注的问题，并且根据不同的国情，遵循着各自的治理原则进行网络社会的治理。如欧盟秉承的是自由、尊重隐私等原则；英国的治理原则则是：现实社会中一些领域的相关法律对网络同样适用，如《刑法》《公共秩序法》等。

中国接入互联网已有20多年的历史，在网络治理方面还在进行着不断的探索，根据互联网的基本特性和国情，在网络社会治理方面应遵循以下基本原则。

1. 科学化原则。

网络社会治理必须打破传统的管理思维，要以科学化的管理思维和有效的治理手段进行网络社会治理。中共十八届三中全会

---

① 方兴东：《中国互联网治理模式的演进与创新》，载于《学术前沿》2016年第3期。

② 王芳：《论政府主导下的网络社会治理》，载于《学术前沿》2017年第7期。

强调全面深化改革的总目标是推进国家治理体系和治理能力现代化。这一总目标将会促进科学有效的社会治理体制的形成。对加快网络社会治理体系的建设起到了积极的作用。网络社会的存在依托于互联网，它同时也具备了一定的社会属性，因此，治理网络社会不能单靠技术来完成，更多的是依靠技术的和社会的科学方法和手段来解决。

2. 法治化原则。

信息网络的快速发展已成为社会治理面临的新课题，为依法治国带来了新的挑战。由于网络社会是现实生活的延伸，规范现实社会关系的法律体系也需要向网络社会延伸，因此也成为依法治国的重要领域，只有通过法律来规范和治理网络活动，才能确保网络社会的健康发展。中国共产党的十八届四中全会通过的《中共中央关于全面推进依法治国若干重大问题的决定》明确指出："加强互联网领域立法，完善网络信息服务、网络安全保护、网络社会管理等方面的法律法规，依法规范网络行为。"[①] 同时，依法治网也是全球共识，依法保护网络社会权益、管制不法行为是国际社会的公认做法，网络空间在任何国家都不是法外之地，当然，不同国家应该结合各自网络社会特点制定与之相适应的网络治理法律体系。我国也不例外，我国在制定相关法律体系时需要结合我国的特点规划制定有中国特色的网络社会法律治理体系。

3. 政府主导原则。

在社会治理中，政府在政策制定和公共事务决策中一直发挥着主导作用。虽然网络社会是存在着多中心、虚拟化的特点，仅仅凭借政府的单一力量无法有效管理网络社会，但网络社会的治理不能离开政府参与。与现实社会相比，网络技术将政府、企

---

① 《中共中央关于全面推进依法治国若干重大问题的决定》，中国共产党第十八届中央委员会第四次全体会议通过，2014 年 10 月 23 日。

业、社会组织与个人紧密地联系在一起,Web2.0技术使得政府不仅成为网络社会的核心,而且通过数据开放、公众参与互动使得政府成为社会服务与公共决策的核心平台。政府在不断推进依法治网、网络安全和信息化建设工作中占据着主导地位、发挥着引领作用。随着网络活动快速渗入我国社会,我国政府迎合社会发展需求,将网络社会管理创新纳入创新社会管理的重要组成部分,进一步加强网络法制建设、加快监管体制建设。

4. 多元参与原则。

网络社会中博客、微博、微信等新媒体的应用,为公民参与社会治理创造了天然的条件。一方面,新媒体的应用为社会大众利益诉求提供了一个及时快捷的渠道;另一方面,也为公众参与公共管理、政府决策和公共服务提供了可能,从而使得普通民众可以通过网络发出自己的声音,也拥有了参政议政的机会。因此,我国网络社会治理需要构建政府主导下,各种网络社会主体共同参与的多元协同治理机制,综合利用各种有效手段,充分调动各个主体共同治理网络社会的主动性、积极性。

5. 虚实结合原则。

网络社会存在于互联网之上,换句话说,它的存在完全依赖于互联网基础技术平台,如果没有互联网,网络社会也就不复存在。由于互联网本身的技术特点——分布式、开放式和广域性,网络社会由此具有非中心性、跨时空性、高流动性、虚拟性以及松散性等特点,而这些特点与现实社会存在着很大的差异性。与此同时,尽管网络社会有其独特性,但与现实社会也存在着千丝万缕的联系,往往一个突发事件线上线下的相互呼应,形成了有一种你中有我、我中有你的相互依存关系。因此,网络社会治理应考虑其自身的特殊性,又要吸取现实社会治理中好的做法和机制,形成一个完善的网络社会治理体系。

6. 全球化原则。

随着黑客攻击事件频发、网络空间犯罪案例急速增长、网络恐怖主义日趋猖狂，很多国家已经意识到由于自身网络都是全球网络生态中的一个组成元素，网络社会治理不能仅仅依赖本国力量，而是迫切需要全球各国的协同合作、共同治理。习近平主席在第二届世界互联网大会的主旨演讲中，从全球互联网治理角度，提出了尊重网络主权、维护和平安全、促进开放合作与构建良好秩序四大治网原则，指出"网络空间，不应成为各国角力的战场，更不能成为违法犯罪的温床"①，对于网络空间的违法活动和犯罪现象，"都应该根据相关法律和国际公约予以坚决打击"②。我国积极推进网络空间的全球共治，一方面为了维护本国网络安全，另一方面也在国际社会中树立了负责任的网络大国形象。

二、网络社会治理的政府责任

习近平总书记在关于《中共中央关于全面深化改革若干重大问题的决定》的说明中，针对互联网发展管理中存在的问题，提出了"坚持积极利用、科学发展、依法管理、确保安全的方针，加大依法管理网络力度，完善互联网管理领导体制。目的是整合相关机构职能，形成从技术到内容、从日常安全到打击犯罪的互联网管理合力，确保网络正确运用和安全"的战略方向。

毋庸讳言，在现实中，面对网络社会的挑战，我国各级政府尚未找到符合其特点的、有力有效的管控方式。表现为前端管理缺失，方法陈旧，要么放任自流，要么粗暴干预。对现实社会的管理，政府已经有了丰富的经验，但对网络社会的管理，无论是管理理念，还是管理方法和手段等，都处于探索阶段。政府在网

---

① 习近平在第二届互联网大会开幕式上的主旨演讲，2015年12月16日。
② 习近平的十大"网络观"，人民网论坛，2016年1月29日。

络社会里的执政能力,远低于现实社会中的执政能力。比如对一些网络信息,简单采用堵、封、删的方法,造成信息流转不通畅,甚至引发了百姓与政府官员的对立情绪。究其原因,一是对网络社会的迅猛扩张之势估计不足,没有意识到网络社会中的舆情是现实社会的反映,事到临头,始料不及,束手无策;二是过分放大了网络社会的负面效应,将其视为洪水猛兽,一味排斥;三是知识不足,不了解网络社会的运作规律,不能熟练掌握现代信息技术和互联网上独特的信息交流方式,造成管理上的"失语"状态;四是法律、法规不健全,不适用。因此,如何在网络社会治理中发挥政府有效作用是一个重要的话题。

(一) 网络社会中政府权力和责任

网络自由主义的布道者、著名的科技评论者约翰·派瑞·巴尔特在线上讨论区贴了一个"虚拟空间独立宣言",声称网络新世界是创新、平等、公益的,永远不受政府管辖。这个主张得到广泛响应和普遍认可,反映了公众对网络社会管理冲破传统领域管制手段的期待。但是,自美国发生的"9.11"事件和互联网"泡沫"破裂之后,各种网络安全问题困扰着网络社会的秩序,人们逐渐认识到,网络社会不可能脱离现实社会而独立存在,现实社会中所存在的一些犯罪行为,如谣言、诈骗、用非法手段盗取他人信息等,同样出现在网络社会中。因此,人们所寄托美好憧憬和预期的"自由天地",必须接受类似现实社会的有序治理。

由于互联网是一个分布式的拓扑结构,决定了网络社会不存在一个最高的权力机构。但是,诸多的社会问题并不能通过互联网自身就可以解决,必须有赖于政府扮演治理者的角色。因为网络社会治理,关系到国家和百姓的利益,以维护国家和百姓利益为己任的政府,理应承担网络社会治理的责任。而网络社会治理能力的强弱,也是评价一个国家的综合国力、经济竞争力等方面的重要内容。但是,政府主导下的网络社会治理,并不意味着政府控制一切，大包大揽。首先，治理一定要不同于传统的管制行为，从单向性管制，向多向性、互动性转变，要采用更加多元、更加灵活的治理方式。选取更合适的治理方式，对实现网络社会有序运行有着积极推动作用。其次，在治理理念的引导下，政府相关职能部门必须明白公众参与网络社会治理，重构社会治理体系，是今后的发展方向，对于网络社会问题可以从不同视角出发找到新的解决方案，从根本上实现政府治理在网络社会的深刻转型和华丽转身。

(二) 政府网络社会治理内容

网络社会治理是近几年人们比较关注的问题，网络社会存在的问题所涉及的范围并不亚于现实社会。网络社会治理的核心内容主要集中在社会秩序与道德规范的维持；网络犯罪的惩治与预防；经济秩序和舆论生态的维护等方面。

1. 建立良好的社会运行秩序是保证国家稳定的关键。

由于网络社会是由现实社会中的人组成，人也是网络社会行为主体，同样具有社会的基本属性。而这种属性不会因为人们从"网上"到"网下"两个场域的行为活动，而发生本质上的变化。因此，网民在网络社会的各类行为活动是否能够有序和规范地正常展开，是网络社会治理的重要内容之一。政府要把现实社会中现有的法律法规推演和移植到网络社会中，并在这个过程中不断完善，构建符合网络社会所具有的"虚拟化"特征的网络文明规则和网络伦理道德标准，以惩治和约束网民的不法行为。就网络社会的网络文明准则和网络伦理道德规范而言，与现实社会相比较，并没有多少新型的建构任务，毕竟网络社会生活也仅仅是网下社会生活的一种网络延伸而已。另外，政府需要通过信息公开引导网民规范他们的网络行为活动，强化人们对网络社会行为规范的自觉认同和有效实践。

2. 建立良好的网络社会商业秩序是政府对网络社会治理的

重要内容。

经济活动的数字化和网络化，使其突破了传统的活动场域，进入了网络社会，电子商务的兴起带动了经济实体的变革，经济活动的整合化和管理结构的扁平化，以及消费者与经营者和生产者之间的界限模糊，形成了网络社会经济的特点。尽管在这个环境中，政府的权力被削弱，并不像在现实社会中起到一个宏观调控的作用。但是在现阶段，建立良好的公平竞争和服务环境，制定规则以降低网民在电子商务活动的风险，减少人们财产等方面的损失，则是政府的职责。

3. 建立良好的文化生态环境。

新媒体时代，人们通过互联网获取海量信息。然而，信息化程度的提高，并没有因此而消除异质文化间的矛盾与差异。这种差异不仅体现在现实社会中的政治制度、经济体制，以及价值观念、伦理道德、文化传统等诸多方面。同时，在网络社会中也体现了人们对互联网精神所提倡的开放、平等、自由和共享含义的不同理解上。特别是对话语权体系结构的"去中心化"、舆论场域媒体的多元化的模式下，政府应了解网络社会特点，以技术监控为手段实时监控不良信息的趋势，预防与引导并举，营造一个"绿色"的文化生态环境。

总之，政府对网络社会治理的最终目的，首先是维护国家利益，防止各种敌对势力的攻击与滋扰；其次是尊重网络社会发展规律，维护与实现个体和机构之间的网络权益等方面的内容，构建稳定良好的网络社会秩序。

网络社会治理必须要充分关注、审慎面对和妥善处理网络社会生活中各类权力和利益主体的合法权益保护问题，尤其是在许多网络权利和网络利益的认定和关系处理还缺乏充分法律依据的情况下，完善网络法律体系，加快网络立法进程，应是政府对网络社会治理中的首选内容。

三、网络社会治理模式

近年来,世界各国都在探索适合自身的网络社会治理模式。网络社会对现实社会的影响,一直是困扰各国政府的一大难题。要不要治理?如何进行有效治理?是摆在世界各国面前亟须探索的问题。

(一)网络社会治理模式

如前所述,"治理"概念首先由西方学者提出,该词主要用于与国家的公共事务相关的管理活动和政治活动中。法国学者让-皮埃尔·戈丹在《何谓治理》一书中指出:"治理并非是由某个人提出的理念,也不是某个专门学科的理念,而是一种集体的产物,或多或少带有协商和混杂的特征。在 20 世纪的最后十年,治理出现于包括经济、公共管理、社会学以及政治学的诸多领域。"① 党的十八届三中全会提出了"创新社会治理体制",多元参与改变政府过去对社会事务强调控制的理念,这是社会治理理念的重大转变。对于网络社会而言,也同样面临从管理到治理,从用管理现实社会的理念和手段管理网络社会,到逐步探索适应网络社会特点的治理机制。

许多国家对网络社会治理,因价值观念、意识形态、社会制度的不同而不同,在一些问题上的认识也存在着很大的差异。如美国等西方国家,主要采取的是以立法为基础的宽松管制的治理模式,从技术到市场机制调控,从行业自律到道德自律;而一些亚洲国家则采取的是一种严格控制的治理模式。无论哪种模式,

---

① [法]让-皮埃尔·戈丹著,钟震宇译:《何谓治理》,社会科学文献出版社 2009 年版。

网络社会都不是真空地带，现实社会不允许存在的，在网络社会也同样不允许存在。在这一点上，大多数国家的观点是一致的。

当今世界，网络社会治理模式主要包括三种：

第一种，严格管控模式。这种模式主要存在于一些亚洲国家和阿拉伯国家或地区。这种模式主张，为维护本国或民族的价值观，保护本国和民族文化，保障不受外来国家的颠覆，应加强网络社会的管控，严厉打击在虚拟空间中的色情、暴力、恐怖活动或虚假宣传。如新加坡是互联网普及率最高的国家之一。从互联网运作伊始，新加坡政府就认为，网络社会是非常重要的战略阵地，对于国家安全、现实社会以及人心的影响巨大，一旦失守，后果不堪设想。因此，政府一直处于主导地位，并积极介入到网络社会的治理中，制定了严格的管理制度，设置了专门的监管机构。再如韩国，其在网络社会治理中以法规为先导，通过网络社会管理专法进行管理，强调针对网上内容的复杂性加强管制，以保障网络空间的安全与健康。

第二种，宽松管控模式。这种模式以美国等一些西方国家为代表。他们主张保护言论自由，对网上的内容采取相对宽松的态度。如美国倡导的是"少干预、重自律"的最低干预原则，并强调对网络社会的管理，不能以牺牲言论自由为代价。虽然美国对网络社会一贯采用宽松的治理模式，但近年来，在加强了相关法律的制定同时，也加大了公权直接干预的力度，由依法自律向公权干预转变，赋予了政府部门更多监管网络社会的权力。

第三种，自律模式。这种模式的典型代表是英国、加拿大等国。他们主张不对网络社会进行直接管理，主要依靠网络社会中成员的自律，政府只提供必要服务和管理。如英国政府提倡的是以自律为主的多元管理模式。"互联网观察基金会"就是一个由政府牵头成立的互联网行业自律组织。虽然英国政府针对网络社会管理出台了一些法律法规，但英国网络产业的各家企业都愿意自动遵守"互联网观察基金会"制定的各种规章制度。多年来，这个基金会在打击网络色情等方面做出了突出的贡献。再如,澳大利亚政府对网络社会治理,强调行业自律与实行法治相结合的治理模式。针对互联网的独特性所造成的欺诈行为和其他不良内容,尤其是将对儿童产生不良影响的内容,以及网上行为的开放性和相当程度的不可控性,澳大利亚政府大力强调行业自律,并与澳大利亚"互联网产业联合会"达成共识,共同对网上行为进行管理和规范。同时,政府对原有的法律法规重新审查和修订,以使适应新技术发展的需要,明确规定,一旦发生严重问题,将会追究内容原创者和服务提供商的责任。此外,澳大利亚政府还积极采用新技术,以克服网络发展可能带来的负面影响,以最大限度地保护公众权利。

(二) 网络社会治理特点

网络技术的迅猛发展,导致网络社会衍生的问题趋于复杂化,各国政府对互联网的监管越来越严格。尽管各国国情有所不同,在对网络社会治理的手段和措施上还是形成了一些相同的特点。

1. 建立法律体系。

在立法方面,首先,各国选择使用的是现行法律。他们认为,现实社会中的法律条文对网络社会同样有效。同时,又根据网络社会的特点,对现行法律的一些内容进行修订或补充。如英国非常注重依靠现行法律,1998年1月出台了新的《数据保护法》。新的个人数据保护法将依据欧盟立法的精神,以原有的《数据保护法》为基础,结合一些针对电子商务运作的实践方法加以制定,以更好地满足电子商务发展对网络隐私权保护的需要。其次,保证国家安全是各国立法中的重点。"9.11"事件之后,美国颁布了《爱国者法》《国土安全法》,大大加强了对美国内设机构的情报侦察。最后,对于网络犯罪,各国都加强了立法力度。如澳大利亚法律规定,在网上传播淫秽色情和极端暴力,最高可罚款11万澳元和入狱5年。网络社会虽然有其自身的特点,但是它的主体(网民)行为和产生结果是真实存在的。因此,网络社会中存在的违法行为,如利用互联网实施欺诈行为等,以现实社会的法律对其行为追究刑事责任,同样是可以适用的。在法律执行过程中,各国都比较坚决,美国、英国、法国、俄罗斯、巴西等国家,都建立了防范互联网犯罪的专门机构,授权警察和安全部门对电子邮件、社交网站等进行秘密监控。

2. 政府处于主导地位。

很多国家政府认为,政府作为国家和公共利益的代表,必须积极介入互联网的管理中。政府的主导作用主要体现在:确立发展的战略方向、立法执法、推动公众的信息素养教育和行业自律等。尽管网络社会采取的是以法律为基础,多主体参与的治理模式,政府不直接对网站和网民进行管理,而是把管理放在关键环节上。政府不是互联网唯一的管理者,网络运营商要承担责任,甚至网民也要对自己的行为负责,不履行职责的行为会受到违法的指控和法律制裁。近年来,一些国家的政府常常游走法律与公权的边界上,所发挥的作用也越来越明显。如在美国,多个国家部门都履行监管网络信息的重任。跨国网络监管和网络安全合作由国务院牵头;军事领域的网络安全由国防部负责;外来网络安全威胁评估由中央情报局管辖;对网络犯罪的调查和起诉则是司法部和联邦调查局的职责范围;信息通信安全由国土安全部负责。还有很多国家成立了专门机构,如新加坡的媒体发展管理局、瑞典的社会保护和应急署与国家警察署、韩国的互联网安全委员会等,都负责调查和打击网络犯罪。

3. 突出行业自律。

行业自律是网络社会治理中最突出的特点之一。把政府监管与行业自律相结合,是很多国家管理互联网的普遍做法。他们充分发挥行业协会或组织的作用,并分别从信息安全的技术、教育培训、网上内容发布、网络安全应急响应、从业人员社会责任等方面制定相关的职业道德规范。如在国际上具有一定声誉的英国"互联网监管基金会",就是在政府支持和影响下的一个行业自律组织,多年来在打击网络色情等方面做出了突出贡献,也为英国互联网管理探索出一个良好的行业自律模式。该基金会主要的工作是处理各种不良信息报告,建立举报"热线",提供基于网络的举报可疑在线内容的服务,编制和维护网址名单等,如果某个域名用于传播儿童性侵犯图片,网站就会被记录在此黑名单上,从而形成了一个与政府部门相互补充的立体式的治理模式。

4. 严格管制网上内容。

互联网和智能设备的应用,形成了网络社会人们进行信息传播的平台,被称之为新媒体,是一个巨大的舆论场。针对网上舆论内容所引发的社会问题,各国政府和组织都采取了不同手段,加强了对新媒体及网上内容的治理。主要方式有两种:一是以独立法律来制约网上内容的传播,如德国法律规定,在网上传播恶意言论、谣言,宣扬种族主义均为非法行为;严厉禁止利用互联网传播纳粹言论、思想和图片[①]。二是政府直接介入对网上内容传播进行管制。如美国联邦调查局成立专门机构,负责辨认、调查网上发布的儿童色情图像,搜寻不法分子,对其进行法律制裁。

另外,很多西方国家的新闻网站对开设网络论坛管理严格,特别是美国,对开设博客都有详细的限制条件,甚至不向普通网民提供博客服务。

5. 明确监管责任。

网络社会的监管不仅包含互联网基础设施的治理,同时更应延伸到对互联网内容、信息服务等多领域的监管。如何做到明确互联网的监管责任,在西方许多国家,尽管互联网行业准入较为

[①] 孙广远、尹霞、徐璐璐:《国外如何管理互联网》,载于《红旗文稿》2013年第1期。

宽松，但行为主体的责任非常明确，对网络运营商和网络内容提供商所应承担哪些责任均有清晰的界定。如网络运营商对托管服务器上的内容负有监控和删除公众举报违法内容的责任；网络内容提供商作为网上信息的发布者，负有撤掉法律禁止的内容等责任。

第五章

网络社会治理中的政府角色

互联网是 20 世纪的重大科技发明，人类智慧的结晶，当代先进生产力的重要标志。互联网深刻影响着世界经济、政治、文化和社会的发展，促进了社会生产生活和信息传播的变革。建设好、利用好、管理好互联网，关系国家经济繁荣和发展，关系国家安全与社会和谐，关系国家主权、尊严和人民的根本利益。积极利用、科学发展、依法管理、确保安全，是中国政府对互联网的基本政策。中国政府始终坚持依法管理互联网，致力于营造健康和谐的互联网环境，构建更加可信、更加有用、更加有益于经济社会发展的互联网。

习近平总书记在关于《中共中央关于全面深化改革若干重大问题的决定》的说明中，针对目前互联网迅速发展之后所带来"多头管理、职能交叉、权责不一、效率不高"等问题，提出了"坚持积极利用、科学发展、依法管理、确保安全的方针，加大依法管理网络力度，加快完善互联网管理领导体制。目的是整合相关机构职能，形成从技术到内容、从日常安全到打击犯罪的互联网管理合力，确保网络正确运用和安全"的战略方向。中国政府将不断完善互联网发展与管理政策，使其更加符合互联网发展与管理的内在规律及客观需要。在实践中，中国政府十分注重借鉴各国发展与管理互联网的有益经验，并愿与世界各国一道共同促进世界互联网的繁荣发展。

一、网络社会中政府的作用

网络社会是信息时代的产物,政府管理所面对的社会环境系统,是一个正在从工业化时代走向信息时代的变化中的环境系统。网络社会的产生正在引起政府对社会管理的变革,传统的管理理念和方式,已不再适应网络社会环境,政府在这种环境中的组织结构与作用也在发生不同程度的变化。

(一)组织结构特征

网络社会的组织结构特征与互联网分布式特性相关联,即社会的组织结构从传统的金字塔型向扁平型组织结构发展。给政府组织带来突出影响的,是减少组织管理的层次,扩大管理的幅度,并且更加具有有机性、灵活性和适应性。

在传统的现实社会中,或者说自人类社会诞生以后,人类所有的组织结构形式中,占绝对统治地位的是金字塔型的、自上而下、层级节制组织的结构,也是政府在管理中唯一的组织形式。这种组织结构的特点是:自成体系,相对封闭、试图选择和尽量减少环境的影响;职能明确,相互孤立的行政部门;通过等级结构实现协调;权力结构是集中的;组织内相互作用与影响的形态是上级、下级的等级关系,实现层级节制;决策的制定是集中的,且集中在组织的高层;结构形式持久不变,具有很强的稳定性。[1] 这种特征的形成,来自工业社会的集中管理、权力控制、追求秩序和机械效率的理念,适应于工业时代的一体化、一致化的技术结构基础。金字塔型的政府组织结构,在工业社会具有效率优势,但也带来管理方式呆板、僵化、迟钝等弊病。在整个社

---

[1] 金太军:《网络与政府管理》,贵州人民出版社2002年版。

会生态不断发生变化的今天,传统的金字塔式的组织结构,已不适应经济、社会、信息技术的飞速发展,管理和服务要求的多元化、个性化、高效率,是对政府的管理理念等方面提出的新要求。主要体现在以下几个方面:

第一,扁平化的组织结构。随着信息技术的迅速发展,追求扁平化组织的管理理念逐渐形成。提高管理效率,减少管理失误,减少或者取消一些中间组织层次,降低管理成本,扩大管理幅度,是扁平化组织结构的优点。扁平化组织强调信息共享,重视纵向横向的联系、沟通与协作,将计算机与人联系起来,知识与目标联系起来。它采取自我管理和民主管理,强调人力资源的开发。扁平化的组织结构,适应的社会技术基础,是信息技术的运用;适应的环境是多变的、复杂的;适应的需求是多元化的、个性化的。因此,在扁平化的组织结构中,政府组织与外界环境的界限是开放、高效、协同和创新的,权力结构是分散的,决策方式是参与式的,组织管理计划是弹性的、灵活的和变化的。互联网时代扁平化的组织结构与现有的金字塔型科层政府组织结构相互融合,或许会形成一种新的组织结构以适应社会的发展。

第二,参与式的组织方式。为适应社会的发展,政府在组织方式上也会有所改变。组织方式的实现,取决于政府组织动力结构的选择。政府组织动力结构,是指确保政府组织成员为实现政府目标而做出最大努力所采取的各种有效激励方式和措施。可分为"参与型动力结构"和"控制型动力结构"。政府组织能否运转良好的基本前提,是其低等级职员和服务对象能否直接参与管理决策。① 参与型动力结构与控制型动力结构有所不同。控制型动力结构看重的是对政府组织成员的行为进行监控,使他们服务于政府组织的目标和使命,是传统工业社会的等级制政府组织所

---

① [美]盖伊·彼得斯,吴爱明、夏宏图译:《政府未来的治理模式》,中国人民大学出版社2013年版。

采用的主要方法。而参与型结构看重是对政府组织成员行为的引导和支持，其组织成员在参与管理中能够自我管理、自我控制和自我实现。随着社会的进步和技术的发展，政府组织成员知识和能力不断提升，自主意识和自我实现愿望的不断增强，参与型结构会更有活力，它也符合灵活、快捷、不断创新、非程序化管理实际的需要。为使每个成员成为政策制定的参与者，需要各层级管理者对组织资源的控制、信息的控制等方面适当放权，才能真正实现参与式的组织方式。

第三，矩阵式的组织信息结构。互联网的应用，造就了海量信息不断地涌入。信息作为决策和管理的基础，它的获取是一个关键环节，也是一个复杂的过程，涉及政府的各部门、各层级以及全社会。目前，政府获取信息，主要通过信息采集、处理、分类、储存、传递等方式。而这种方式往往与组织形态和权力结构相一致。在现实社会金字塔型的组织结构下，信息结构也呈现纵向层级式结构。信息按照等级层次垂直状态传递，并注重行政隶属关系的信息联系。互联网技术的运用，使政府信息的传播方式发生改变，从原有的阶梯形、层级式转变为水平型、矩阵式或网络式。各信息点或信息中心的联系既有纵向又有横向，呈现一种交互性的网状结构，克服了单一信息结构中信息封锁、信息渠道易于堵塞、传递迟缓等弊端。这种信息结构的建立，使政府与外界的信息交流与沟通更具开放性、多层次和交互性。同时，政府部门之间形成一种跨层级、跨专业、跨部门信息流，消除了信息割据的危害，提高了信息的完整性和可靠性。

（二）网络社会政府治理责任

互联网诞生初期，由于人们的认识不足，只是把它看作一个普通的获取知识的平台，或者是一种新的媒体形式，几乎没有治理。1996年2月8日，约翰·P.巴洛在线发表的《虚拟空间独立宣言》（*Declaration of the Independence of Cyberspace*）一文中声称，虚拟空间是创新、平等、公益的，永远不受政府管辖。在巴洛的眼中，网络社会到来以后，人们完全可以摆脱现实政治的困扰，摒弃传统道德价值观念的束缚，他所建构的是一个崭新的未来世界，描绘的是一幅乌托邦式的理想社会图景。然而，随着"9.11"事件和互联网金融泡沫的破裂，以及网络社会中的网络犯罪、垃圾邮件、网络安全等社会问题的出现，特别是一些人利用社交网站或论坛等交互平台造谣、煽动，常常使政府在对现实社会发生的公共安全事件处置中处于被动局面。网络社会与现实社会具有很大的关联性，对网络社会的治理关系到国家政治稳定、经济环境井然有序、道德伦理规范、社会和谐的整体性等观点，现已被许多人认同。因此，必须加强现实社会对网络社会的有效治理。

由于互联网自身的特点，网络环境并非是一种单纯的技术环境，它与现实社会的政治、经济、文化等各种环境交叉融合，政府面临的公共管理环境也发生了变化，这对政府管理创新提出了新的要求，要求政府随着外部生态环境的变化而变化，对与环境不相适应的官僚型行政体制进行结构性变革和适应性调整，以求得环境之间的动态平衡，真正做到有效治理。

中国共产党第十八届三中全会报告中指出，"坚持系统治理，加强党委领导，发挥政府主导作用，鼓励和支持社会各方面参与，实现政府治理和社会自我调节、居民自治良性互动"。这种现实社会的治理方式，同样也适用于网络社会。在对网络社会的治理中，政府也具有无可置疑的主导地位。网络社会与现实社会有着不可分割，相互依存的联系，对网络社会的治理，关系到国家和人民的利益，以维护国家和人民利益为己任的政府，当然也要承担网络社会治理的责任。而对其治理的能力，可以上升为评价一个国家的综合国力、经济竞争实力和民族生存能力的重要内容。

然而，政府主导下的治理，并不意味着政府对治理包打天下。一方面,要规范政府职能,在意识上做到从管理到治理的转变,提高办事效率,从封闭到公开,从间接到直接。如实现网上办公,信息共享,真正实现公众足不出户就能办事的梦想,包括各种证件的申请和办理、意见和建议的及时反馈等。另一方面,需要打破传统政府单向的管控式管理方式,在政府主导下,实现企业自律和公民自觉参与等多向的、互动的治理方式。网络社会治理的关键点,主要集中在秩序与道德的维持、网络犯罪的惩治与预防、国家的网络主权的捍卫等多个方面。当前,网络社会中存在着社会秩序混乱、道德缺失、网络犯罪不断升级、网络安全危机四伏、互联网国际治理合法主体缺位等问题,严重影响和危及公众、企业、社会组织乃至国家的核心利益。在这种情况下,政府责无旁贷地要担负起网络社会治理的重任,维护虚拟空间的正常秩序。

(三) 网络社会政府治理内容

2016年4月,习近平同志在"网络安全和信息化工作座谈会"上指出,网络空间与现实社会一样,既要提倡自由,也要遵守秩序。自由是秩序的目的,秩序是自由的保障。既要充分尊重网民交流思想、表达意愿的权利,也要构建良好的网络秩序,这也是为了更好保障广大网民合法权益。网络空间"乌烟瘴气"、生态恶化,不符合人民利益。

网络社会具有虚实二重性,因此,对于它的治理是一个复杂的系统工程,涉及多个领域:一是政治领域。互联网的应用,改变了政治生态。在网络社会中,网络政治早已是一种国际现象,政治信息往往与政治稳定、命运、前途密切相关。同时,公众通过上网的方式参政议政、政府官员通过网络与民众互动,已形成了一个新的常态,例如2008年6月,时任中共中央总书记胡锦涛同志亲自到人民网与网民在线交流;各级政府的门户网站都建立了信息公开、市长信箱等栏目。但是,政治信息的公开化,在推动现代民主的同时也带来了一些负面效应,政府形象和社会稳定极易受到外部势力的侵扰和影响。二是经济与金融领域。与互联网全面渗透相伴随的是经济形态形成了新的发展动向,数字化财富被存储在计算机中,数字货币取代了实体货币,人们可以足不出户,就完成的转账、付款等金融交易活动。另外,世界经济呈现一种国际化的趋势,每个国家的金融、银行等经济系统都与世界紧紧相连。同样,在这种经济发展的过程中也伴随着更大风险的存在。三是文化领域。每个国家或地区都有自己的文化。文化信息凝聚了人类社会物质财富和精神财富。由于地域文化的差异,不同地区的政治制度、经济体制、价值观念、风俗习惯、道德伦理、文化传统等也会有所不同。互联网作为开放的全球化信息共享和舆论传播的平台,打破了传统的文化模式,正在形成独特的网络文化现象。人们通过互联网拓展了获得信息的触角。但相应地,给本土文化的保护和对舆论的引导也带来了一定的难度。四是民族宗教领域。当今世界,极端主义和恐怖主义分子利用种族和宗教的纷争而导致的国际冲突不断,一些敌对势力也利用宗教问题大做文章,他们通过互联网传播有害信息,进行煽动和鼓噪,以此破坏社会稳定,甚至对国家安全构成威胁。控制和把握好民族与宗教方面的信息传播,在因民族宗教问题对国际安全和国家安全产生重要影响的当今世界,十分重要。以信息传播、渗透等方式扩散的不安全因素,仍将对国家安全构成威胁。

二、中国互联网管理的基本做法

自20世纪90年代至今,中国接入国际互联网已有二十多年了,这二十多年来中国无论是网民规模还是互联网产业实力等方面的成就都令世界瞩目。而对于全球范围内所面临的全新课题——互联网治理问题，中国政府管理体制和机制等方面也在不断地进行着积极的尝试与完善。

（一）互联网管理机制建设的现状

随着互联网技术的迅猛发展，所涵盖的范围逐渐扩大，不仅局限于新媒体，还包括了政治、文化、经济、意识形态等各个不同领域。同时，我国互联网监管机制的建设也在逐步走向完善。互联网管理一般分为三个层次：第一，基础层。包含基础资源、技术支撑、安全保障等。它是互联网核心和根本，也是互联网正常运行的基本保障。第二，组织层。指对互联网技术规范、标准规范、内容规范等各个方面进行制定和管理的组织机构，是互联网管理中的重要环节之一。第三，应用层。所面对的是使用者，也就是最终用户，是互联网的应用层面。互联网管理是一个庞大体系，它的复杂性并不亚于对现实社会的管理。近几年，针对互联网的发展，政府有关部门先后出台了一系列相关管理规定和政策，互联网监管机制正在日臻完善。

1. 网络域名监管机制。

网络域名管理，指对互联网应用的基础资源的管理，是互联网管理中的抓手。在互联网中，除了保障必需的通信线路外，域名是互联网应用发展必备的最基础的部分，就像房地产商要拥有土地一样。它的存在关系到互联网使用者的根本，无论是政府、企业还是个人，在建立网站时，都会用到域名。所以，它是一个综合性的平台，特别是根域名的应用。早在2005年，针对域名放开，我国就已出台了相关的规定。伴随着互联网应用技术的发展，一些新的问题逐渐浮出水面，如域名注册名的争议，哪些可以注册，哪些不可以注册等。因此近几年，国家有关部门对已出台的相关规则进行了修订。2012年5月29日，中国互联网信息中心在信息产业部实施的《中国互联网络域名管理办法》基础上，制定并颁布了《中国互联网络信息中心域名注册实施细则》，同时废止 2009 年 6 月 5 日实施的《中国互联网络信息中心域名注册实施细则》。该细则对域名注册服务机构的职责等做了明确的规定，对域名注册的申请与审核流程、域名争议处理办法、域名运行费用、用户投诉机制等内容都进行了详细的描述。

2012 年 6 月 28 日，该中心又颁布实施了《中国互联网络信息中心域名争议解决程序规则》（以下简称《规则》），同时废止 2007 年 10 月 8 日施行的《中国互联网络信息中心域名争议解决办法程序规则》。《规则》制定了对域名持有人和域名注册服务机构的约束条款，明确规定了当域名发生争议时，文件提交与送达时所要遵守的原则，以及为保护知识产权，通过第三方仲裁机构介入的解决流程和规则。

2012 年 6 月 28 日，该中心颁布实施了《中国互联网络信息中心域名争议解决办法》，同时废止 2006 年 3 月 17 日施行的《中国互联网络信息中心域名争议解决办法》。该办法规定了适应域名争议的范围及解决机构，以及投诉人的权益和具体解决办法。

2. 网络信息安全机制。

为了保护网络信息安全，保障公民、法人和其他组织的合法权益，维护国家安全和社会公共利益，2012 年 12 月 28 日，第十一届全国人民代表大会常务委员会第三十次会议通过了《关于加强网络信息保护的决定》。该决定明确了互联网服务商和其他企事业单位在业务活动中收集、使用公民个人电子信息时所应遵循的原则和责任，以及政府主管部门采取技术措施和其他必要措施，防范、制止和查处窃取或者以其他非法方式获取、出售或者非法向他人提供公民个人电子信息的违法犯罪行为，以及其他网络信息违法犯罪行为应依法履行的职责等。

2013 年 7 月，中国工业和信息化部出台了《电信和互联网用户个人信息保护规定》（以下简称《规定》）。《规定》指明了电信业务经营者、互联网信息服务商信息收集和使用的规范，安全保障措施及相关责任,明确了电信管理机构应当对电信业务经营者、互联网信息服务提供者保护用户个人信息的情况实施监督检查相关内容及法律责任。

2013年7月,中国工业和信息化部出台的《电话用户真实身份信息登记规定》中,明确了电话用户的属性,既包括固定电话用户,也包括移动电话用户;明确了包括各省、自治区、直辖市通信管理局在内的,实施监督管理的职能和监管流程。

3. 网络经济监管机制。

由于电子商务的普及,网上购物已被广大网民所接受,并呈逐年上升趋势。据中国互联网信息中心《第39次中国互联网络发展状况统计报告》中显示,我国网络购物网民规模达到4.667亿人,网络购物使用率为63.8%。与2015年12月底相比,增长率为12.9%。(如图5-1所示)①

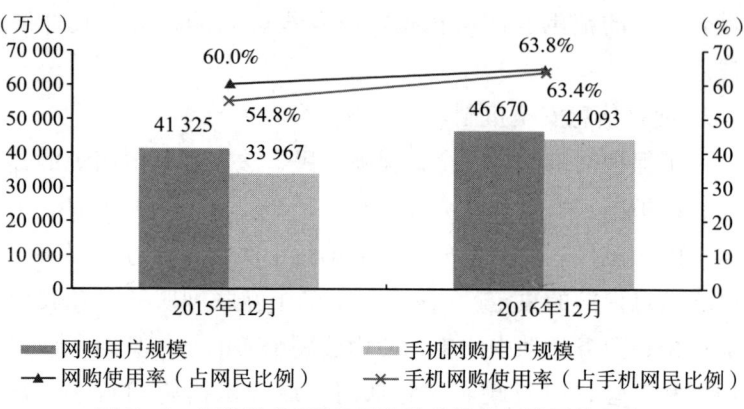

图5-1 网络购物/手机网络购物用户规模及使用率

另外,利用互联网理财、炒股和网上支付等网络金融类应用也呈上升趋势。

---

① 《第39次中国互联网络发展状况统计报告》,2017年1月。

利用网络进行支付逐年增加。截至 2016 年 12 月底，我国使用网上支付的网民达到 4.75 亿人，使用率为 64.9%。与 2013 年 12 月底相比，网上支付用户增加了 5 831 万人，增长率为 14%。① 通过手机进行网上支付用户增长迅速，年增长率为 31.2%。

为促进电子商务与网络购物健康和谐发展，对第三方电子商务交易平台的经营活动进行规范和引导，保护广大企业和消费者合法权益，营造公平、诚信、安全的交易环境，中华人民共和国商务部于 2011 年制定了《第三方电子商务交易平台服务规范》，明确了网络交易中的禁止行为等相关内容。2013 年初，中国人民银行也就网络交易制定了《支付机构互联网支付业务管理办法》等一系列相关规定。

4. 网络舆论监督机制。

近几年来，与手机短信、即时通信工具和微博等新兴媒体的崛起相伴随，网络谣言也呈现激增之势。一些人借助现代信息技术制造谣言，混淆人们的视听，既有针对公民个人的诽谤，也有针对公共事件的捏造。小而言之，网络谣言败坏个人名誉，给受害人造成极大的精神困扰；大而言之，网络谣言影响社会稳定，给正常的社会秩序带来现实或潜在的威胁，甚至损害国家形象。为了遏制这种现象的蔓延，2013 年 9 月 2 日，中华人民共和国最高人民检察院第十二届检察委员会第 9 次会议和 2013 年 9 月 5 日最高人民法院审判委员会第 1 589 次会议，通过了《最高人民法院、最高人民检察院关于办理利用信息网络实施诽谤等刑事案件适用法律若干问题的解释》（以下简称《解释》），并于 2013 年 9 月 10 日起施行。在《解释》中，明确了信息网络的定义，指出利用信息网络实施诽谤、寻衅滋事、敲诈勒索、非法经营等属于犯罪行为；为其提供资金、场所、技术支持等帮助的，以共

---

① 《第 39 次中国互联网络发展状况统计报告》，2017 年 1 月。

同犯罪论处等内容。这使得打击利用网络制造谣言、引发事端等不法之徒的工作，有了法律依据。

5. 网络传输监督机制。

为加强互联网的纯洁度，保护知识产权，2013年1月16日，国务院第231次常务会议通过了《国务院关于修改〈信息网络传播权保护条例〉的决定》，并于2013年3月1日起施行。修改后的《信息网络传播权保护条例》，加大了对非法经营者的处罚力度，将原有《信息网络传播权保护条例》中的第十八条、第十九条中的"并可处以10万元以下的罚款"修改为："非法经营额5万元以上的，可处非法经营额1倍以上5倍以下的罚款；没有非法经营额或者非法经营额5万元以下的，根据情节轻重，可处25万元以下的罚款"。主要包括合理使用、法定许可、避风港原则、版权管理技术等一系列内容，区分了著作权人、图书馆、网络服务商、读者各自可以享受的权益，使之形成一个相互依存、相互作用、相互影响的"对立统一"关系，很好地体现了产业发展与权利人利益、公众利益的平衡，为产业加速发展做了法律准备。

另外，2012年6月，国家互联网信息办公室、工业和信息化部推出了对2000年制定的《互联网信息服务管理办法》的《修订草案征求意见稿》，进一步明确了论坛、微博客等的许可审批；完善了开办网站的准入条件；强化了相关服务提供者的安全管理责任和记录留存义务；对用户用真实身份信息注册做出规定；加强个人信息保护；对规范政府部门监督检查行为7个方面提出修订意见。这对完善互联网基础管理体系的建设具有重大的现实意义。

（二）互联网管理政策法规

为促进互联网在我国的普及和健康发展，国家和有关部门出台了一系列相关政策法规，从内容、服务和网络安全等角度，对

第五章 网络社会治理中的政府角色

互联网的经营行为、运作方式等加以规范。

2000年9月25日,国务院公布《互联网信息服务管理办法》,界定了互联网信息服务的范围、性质以及管理的基本形式。

2002年11月15日,当时的信息产业部为了加强上网服务经营场所的管理,规范经营者的经营行为,颁布了《互联网管理条例》,对互联网行业的管理流程进行了细化。

2005年11月,公安部对外发布了《互联网安全保护技术措施规定》,保护著作权人、表演者、录音录像制作者的信息网络传播权。

2006年7月1日,国务院公布《信息网络传播权保护条例》,包括合理使用、法定许可、避风港原则、版权管理等内容,明确了著作权人、网络传播使用者和读者等各方的基本权益。

2007年1月17日,国务院第165次常务会议通过,公布《中华人民共和国政府信息公开条例》,使政府信息公开有了相关的法律依据。

2009年6月4日,文化部、商务部联合颁发了《关于加强网络游戏虚拟货币管理工作的通知》,规定了虚拟货币和虚拟货币发行企业的内涵,申请从事虚拟货币发行业的程序。其中专门明确规定"不得为未成年人提供虚拟货币服务"。

2010年2月5日,文化部指导下的网络游戏未成年人家长监护工程启动首批试点。3月17日,文化部部务会议审议通过了《网络游戏管理暂行办法》(以下简称《暂行办法》)。《暂行办法》包括六个部分:总则、经营单位、内容准则、经营活动、法律责任、附则,分别从经营组织界定、游戏内容管控、市场运行规则及法律责任承担等方面,比较全面地对网络游戏产业的各个环节做出具体规定。

2011年12月7日,中华人民共和国工业和信息化部第22次部务会议,审议通过《规范互联网信息服务市场秩序若干规定》(以下简称《规定》)。《规定》该要求为规范互联网信息服务市场秩序,"互联网信息服务提供者应当遵循平等、自愿、公平、诚信的原则提供服务"。对那些互联网信息服务提供者侵犯其他互联网信息服务提供者合法权益的行为,以及用户利益所负的责任和处罚,《规定》都进行了明确的规定。

2012年6月,国务院颁布了《国务院关于大力推进信息化发展和切实保障信息安全的若干意见》,提出"坚持积极利用、科学发展、依法管理、确保安全,加强统筹协调和顶层设计,健全信息安全保障体系,切实增强信息安全保障能力,维护国家信息安全,促进经济平稳较快发展和社会和谐稳定"的战略思想,指出了"加快社会领域信息化,推进先进网络文化建设;提高社会管理和城市运行信息化水平及加快推进民生领域信息化"等方面的措施,在发展的同时还要健全安全防护和管理,保障重点领域信息安全等要求。

上述政策和法规的颁布实施,初步构建了互联网和信息管理的基本架构,对推动我国互联网的发展,规范互联网从业者的行为,保护经营者和使用者的合法权益,以及维护网络安全、信息安全等方面,起到了积极作用。

2014年11月,文化部、工商总局、公安部、工信部联合印发通知,调整"网吧"行业管理政策,全面放开网吧审批,并力推"网吧"行业转型升级。取消了各级文化行政部门对上网服务场所的总量和布局要求及对上网服务场所计算机数量的限制,规定场所最低营业面积调整为不低于20平方米,计算机单机面积不低于2平方米。

2014年8月国家互联网信息办公室发布了《即时通信工具公众信息服务发展管理暂行规定》,明确了即时通信工具提供者和使用者所要遵守的相关规定。为净化网络空间环境,不允许谣言、暴力、欺诈、色情、恐怖信息传播,遵守法律法规、社会主义制度、国家利益等"七条底线"做了详细地阐述。

2017年5月2日国家互联网信息办公室发布第1号令,公布了新版《互联网新闻信息服务管理规定》，该规定与 2005 年颁布的《互联网新闻信息服务管理规定》比较，更具有针对性和操作性，直面当前网络新闻信息服务存在的问题和症结，基本涵盖了网民长期关心的重点问题，该规定的实施将推动网络新闻信息管理迈上新的台阶。

2017 年 5 月 2 日国家互联网信息办公室发布了第 2 号令，即《互联网信息内容管理行政执法程序规定》，该规定明确了互联网信息内容管理行政执法的主体，明确了行政执法督查制度，明确加强执法队伍建设必要性，并以行政执法办案为主线明确执法流程。该规定的出台对统一网络信息内容的执法证据标准，规范行政执法行为，提高执法公信力，都具有重要意义。

（三）互联网监管机构

1. 综合管理部门。

2011 年 5 月经国务院批准，设立国家互联网信息办公室。2014 年 2 月中央网络安全和信息化领导小组成立，国家互联网信息办公室承担具体职责。其主要职责包括：落实互联网信息传播方针政策和推动互联网信息传播法制建设，指导、协调、督促有关部门加强互联网信息内容管理，负责网络新闻业务及其他相关业务的审批和日常监管，指导有关部门做好网络游戏、网络视听、网络出版等网络文化领域业务布局规划，协调有关部门做好网络文化阵地建设的规划和实施工作，负责重点新闻网站的规划建设，组织、协调网上宣传工作，依法查处违法违规网站，指导有关部门督促电信运营企业、接入服务企业、域名注册管理和服务机构等做好域名注册、互联网地址（IP 地址）分配、网站登记备案、接入等互联网基础管理工作，在职责范围内指导各地互联网有关部门开展工作。

2. 接入监管部门。

工业和信息化部与工商管理局是我国网络新媒体的接入和管

理部门。其颁布的法规也更具有针对性，主要集中在网络接入、域名和IP地址管理、电子邮件、电子公告服务、整治互联网不良信息等领域，从而规范了网络新媒体的管理。其主要职责有：负责网络与信息安全技术平台的建设与管理；负责网站经营许可证的管理与监督；负责对有害信息进行封堵，对未经批准擅自从事网上业务的网站采取技术手段予以制止。工信部执法的主要形式是审批和备案，对经营性的网站审批，对非经营性的网站备案。同时，根据《互联网电子公告服务管理规定》，工信部还对开展电子公告服务进行许可证批准。工商部门的主要职责是负责互联网上网营业场所的营业执照管理，对无证经营、超越范围经营等行为进行查处。

3. 安全管制部门。

我国公安部门与国家安全部门是网络新媒体的安全管制部门。公安部的主要职责是：负责对网上反动、淫秽等有害信息的监控；负责对互联网的经营、服务单位的安全监督，对"网吧"等上网服务营业场所的安全审核、安全管理软件的安装和安全监督管理；负责处罚和依法打击网上违法犯罪行为。安全部的主要职责在于对境外有害信息提出封堵网站名单并通知有关部门封堵，按照有关规定履行互联网信息安全管理的职责。

4. 内容管理部门。

国家和地方的新闻办公室和对外宣传办公室，是我国网络新媒体最直接的内容管制部门。国家新闻办公室的监管领域主要集中在对网络媒体刊载新闻业务资格的审批、对经营性互联网信息服务实行许可制度、对非经营性互联网信息服务实行备案制度、对刊载内容实行审查制度等方面。同时，明确规定禁止反动、迷信、暴力、淫秽内容的传播。地方新闻办公室主要职责在于负责互联网登载新闻。对外宣传办公室主要负责对网络媒体的日常管理。

5. 其他有关部门（文化、新闻出版广电等部门）。

文化部门对利用互联网经营艺术品、音像制品、网络游戏、演出活动及"网吧"等上网服务营业场所进行日常监督,并实行经营许可证管理。新闻出版广电部门负责互联网出版活动及版权的监督管理,并审批《新闻出版业务许可证》;负责境内网站通过互联网传播电影和广播电视节目的审批与监督管理,管制范围涉及在互联网等信息网站中开办各种视听节目,播放影视作品和视音频新闻,转播、直播广播电视节目及以视听节目形式直播、转播体育比赛与文艺演出等各类活动。管理形式主要是审批《网上传播视听节目许可证》。

根据国务院或国务院办公厅做出的相关决定,一是分别在中国计算机网络国际联网、域名管理、互联网新闻信息服务、保护信息网络传播权等领域制定了相关政策,为网络新媒体的发展提供政策保障。二是网络管理和服务机构即中国互联网络信息中心(CNNIC)负责管理维护中国互联网地址系统,引领中国互联网地址行业发展,权威发布中国互联网统计信息,代表中国参与国际互联网社群。在网络新媒体行业倡导行业自律,制定自律公约。目前主要有两个公约:《互联网地址资源服务行业自律公约》和《博客服务自律公约》。

三、政府面临的挑战

随着全球化的日渐临近,以及新技术所带来的社会结构变化,转变政府角色,改变传统的管理模式,摸索新领域管理体系势在必行。

(一) 政府对网络社会管理的难点和困境

1. 网络社会信息传媒的管理对传统管理模式的挑战。

对现实社会的管理,政府已经有了丰富的经验,但是在网络虚拟空间里面,研究深度和管理手段等各方面都还处于探索阶段。政府在网络社会里的执政能力,远低于现实社会的执政能力。比如对一些网络信息一味采用堵、封、删的方法;信息流转不通畅,网民的声音得不到政府及时回应,加之各种谣言和危害国家安全等的言论混淆视听,而政府未能或者无力进行正确有效的引导,致使网络舆论不断发酵。目前一个普遍的趋势是,很多公众情绪先是在网络上集聚,最后在现实生活中爆发。如一些敌对势力,利用互联网这一平台,在网上制造网络"细菌",舆论泡沫,试图使政府与老百姓的矛盾不断激化,导致网上舆论事件,演变成网下群体性事件。甚至一些网络公关和商业利益公司,也有意培植制造"网络打手""网络水军"等,制造虚假网络舆论,以假乱真。对此,至今尚无适合的监管措施。

很多官员长期习惯于现实社会管理,没有网络社会的概念。他们认为虚拟的互联网不但有边界,还有大门,只要关起门来,把自己辖区内的互联网或者网民理顺,一切都万事大吉了。这种错误想法让他们最终陷入困境。

2. 政府社会管理模式滞后于网络社会的发展。

网络社会可以理解为现实社会在互联网络上的映射和延伸。随着互联网的进一步普及和在各个领域的广泛应用,个人用户、政府用户、企事业单位用户对互联网的依赖程度越来越高,而网络中的每项活动都离不开网络安全。由于网络的开放性和匿名性等特点,在网络上遭受攻击要比现实中更容易,如"黑客"以及"恶意破坏者"的出现。他们出于不同的目的对系统中的数据进行篡改、删除、破坏或者盗取重要信息。这种攻击与防守的不对称性,已经给许多企业、政府部门以及个人造成了重大的损失。所以,网络安全对于国民经济的正常运转,对于每一个使用它的人都具有重大的影响。网络的安全直接决定了社会生活和经济生活的质量。如何保障网络安全对于网络社会管理者是一个挑战。

现实社会中的违法犯罪以及其他治安问题已经开始向网络社

会蔓延。现实社会的很多违法犯罪及其他治安问题，都可以在网络社会中找到，并且随着互联网络的日益普及和发展，形势将变得更加严峻，给政府社会管理带来一系列的问题。如利用网络盗窃、欺诈、出卖国家机密、计算机病毒等。对互联网安全构成的严重威胁，影响着网络社会的正常生活秩序，给网民造成难以弥补的物质、精神上的损失，也直接波及现实社会的稳定。

由于网络社会的开放性等特点，很难对网上信息进行全面的监控。一些别有用心的人和组织，利用互联网传播淫秽色情、赌博、暴力、邪教等不良信息和西方资本主义的意识形态，对我国国家安全和社会稳定造成威胁。国外敌对势力通过互联网在思想和文化方面对我国进行渗透，宣扬其价值观念和意识形态，进行文化侵略，对我国社会的思想、观念、政治、伦理道德等产生冲击。

利用互联网实施传统的侵犯知识产权犯罪，信息网络技术给侵犯知识产权犯罪带来了新的类型，专利权侵权在信息网络技术领域也有了新的表现形式。

3. 网络管理机制建设滞后于网络自身的发展。

目前，我国互联网管理存在两个突出问题：一是政府不了解互联网基本规律，沿用传统的管理模式，以管控为主，缺乏引导治理的理念。在管理机制上没有完整体系，法律法规和规章制度相对独立，缺乏相关性。二是互联网管理的相关机制滞后于互联网本身的发展。一方面，对于网络许多新问题，尚无具体政策规定，跟不上网络技术应用发展的步伐；另一方面，因为互联网发展的速度迅猛，而政府所处的位置又比较特殊，出于安全性考虑，很多互联网上的应用不会首先在政府部门推广，以至于政府相关部门无法预判当一个互联网应用出现以后将会带来哪些问题。因此，在相关管理举措上，就会产生不完善或不到位的地方，在制度规定上也会有一些漏洞。例如在 Web1.0 时代，公众在互联网上只能浏览网站所提供的新闻、知识等信息，而在

Web2.0时代,改变了公众获取信息的方式,特别是博客、微博等即时通信应用的出现,人们不再局限于获取知识的诉求,而是通过互联网发表对社会、政府、事件等问题的看法,同时对网上的论点进行评论。但政府的许多管理方式,仍停留在Web1.0时代。

4. 互联网监管权分散。

政府网络管制权过于分散。现实中的网络管理,是按照信息形态和内容差异来划分责任主体的,这就形成了多部门管理、职能交叉的局面。这种管制模式不仅导致相关部门之间的利益相争,也产生了其他一些弊端:其一,造成整体规划的缺失;其二,导致管制的低效率;其三,统一的管制权被不同的管制机构分割,不仅不能起到制衡作用,反而在一定程度上加大了监管成本,降低了监管效率,部门之间争功诿过、执法责任不明确。

5. 忽略互联网产业的发展,重内容管理,轻产业推进。

我国的网络管理,多侧重从信息服务和内容管理的视角制定政策,没有站在整个产业发展的高度去规划网络行业的发展。网络是一种媒体形态,但又不是单纯的媒体,而是一个应用广阔的平台。在这个平台之上,可以整合媒介,实现融合;可以推行电子政务、电子商务;可以成为网民的生活空间。由此,应该本着大平台的思想用好网络,用产业的视角规划网络,才能把网络新产业做大做强,真正成为我国传媒产业转型升级和产业振兴的最大推动力,从根本上提高我国传媒业的竞争力和文化输出、文化展示的能力,使之成为国家软实力的象征和载体。另外,既有的政策多为规范性文件或决定通知,缺少高强制性的法律。在对网络监管和治理过程中,各方标准不统一,随意性大、落实难的问题比较突出。政策的执行失之于宽、失之于软,缺乏应有的监督和管理。

6. 打破传统阶层模式。

信息网络技术瓦解了传统的等级社会结构,把权力分散到了更多的个人和群体当中,将分权化的网络结构置于比其他组织模式更为优越的地位。在网络社会中，没有任何人居于最高或中心的地位，进入网络空间的每一位成员都是平等的。在传统社会中，主流的管理方式一直是等级式的管理结构，而信息网络是人类始料不及的崭新形态。用当前最流行的话来说，没有人知道电脑背后和你交流的是什么人。中国互联网络信息中心《第 42 次中国互联网络发展状况调查统计报告》中显示，截至 2018 年 6 月，中国网民人数 8.02 亿，网民并非都是"草根"，可能包含了很多精英人士。信息网络技术的发展对传统社会管理模式的挑战非常之大。

7. 公民参与与政府机制建设的融合。

构建服务型政府，不是政府单方面的事情，需要公民的广泛参与，而公民参与与否，如何参与，必须通过制度来落实。我国公民参与的法律和制度并不是很完善，特别是网民参与还缺乏相关的机制规范。在互联网技术和新媒体飞速发展的今天，网民们可以随时、随地上网，这不仅扩大了网络舆论的参与人群，同时也提升了网络舆论的参与度。近年来，公众参政议政的意识在悄然提高，微博已经成为社会舆论的发动机和主力平台。但对关系公民利益的重大信息、决策项目的预告制度，以及重大事项社会公示制度还不够健全，政府与公民之间的信息渠道还不够畅通，因此，公民参与政府机制建设制度还不够广泛。

（二）网络社会治理思路

党的十八届三中全会明确提出了"健全民主监督、法律监督、舆论监督机制，运用和规范互联网监督""加强网络法制建设，加快形成法律规范、行政监管、行业自律、技术保障、公众监督、社会教育相结合的互联网管理体系。加强对社交网络和即时通信工具等的引导和管理，规范网上信息传播秩序，培育文明理性的网络环境"。这是政府对网络社会治理提出的总体目标。但网络社会匿名、开放、高度自治等内在特点，决定了对其管理存在较大难度。如何引导网络社会自律、解决管理前端缺失、提升网络社会违法犯罪查处力度，科学合理地规划网络社会治理已成为一大课题。

1. 推进网络社会自律。

网络社会的空间特性跨越了地理的限制，网络社会中的网民可以遍布世界上的任何一个角落，一个网络社区中的网民往往不在一个地区，甚至是来自不同国度。网民的这种跨越地区的群体，对于政府管理来说是非常困难的。因此，网络社会的管理要"堵疏结合、以疏为主"。必须要加强行业自律，构建网民和互联网服务提供商、内容提供商等行业自律机制，规范网络社会中各个群体网络行为，才能管理好网络社会。

2. 了解网络社会特征，发展与治理并举。

网络社会在我国的迅速发展，是不可逆转的经济社会进步趋势。加强政府对网络社会的管理，最终目的是为了让网络社会健康有序，规范发展。从公共管理的视角看，管制并不是最有效的网络纠纷解决方案。在一个日益发展的社会中，对于基本自由的限制，将抑制人们创新的动机，减少可尝试的新事物的数量，从而亦会减缓社会前进的步伐。[1] 近几年，党和国家高度重视网络社会的发展问题，国家领导人多次公开与网民交流互动。明确提出社会治理包括对现实社会的治理，同样包括对网络社会的治理。两者同样重要，不可偏废。

政府在鼓励和发展网络社会的过程中，既要尊重市场规律，鼓励良性竞争，又要注重引导教育，不断建立和完善科学的政策法规，充分营造网络社会发展的良好环境。

3. 完善法律法规和网络安全评估体系的建立。

健全法律制度，发扬"以人为本"的精神，才能引导、教育出负责任的网民，结束互联网犹如"原始森林"般的混乱状

---

[1] 李纲：《网络社会管理的制胜之道》，载于《电子政务》2011年第9期。

态。许多社区网站基于网络社会可以给参与者提供宽松的自由环境,在网络社会的各种活动中摆脱了传统伦理与法律的约束,为所欲为,其行动可以与自己的社会角色、社会地位、社会责任完全没有关系。如 2008 年 11 月,北京市海淀区破获了一起网游公司数据库管理员,替玩家修改游戏数据牟利的商业贿赂案件。网络社会中的宝物、货币等在现实世界中可以进行买卖。对于网络社会的财产与现实社会发生具有法律意义的社会关系时,就应该被纳入现实法律的调整范畴。因此,对网络社会的管理不仅要在技术上加强对互联网的管理,还应该通过立法对互联网络、虚拟世界进行规范,打击破坏国家政治和社会稳定的行为。

(三) 网络社会治理机制建设

互联网的普及导致了现实社会和网络社会的分野。现实社会与网络社会交织伴生,给传统的社会管理带来了诸多挑战。如何将网络社会的管理纳入社会管理主渠道,是信息时代政府必须面对的一个新问题。互联网是在没有设计师负责总体规划的情况下自然演变而成的,它本身具有自主组织功能,就好像现实中的地理地貌,是通过大自然自身的不断运动,沧海桑田,自发聚合式地形成了今天的世界。传统常规的管理手段之所以在网络空间中无所作为,很大程度上是忽视了网络空间的特质而进行了不当的管制。那些不当的管制方式,在运用于网络空间时,本身就带着难以克服的局限性。依照博弈论的理论分析,他们往往是将其实施管理的着眼点,只放到了不合作者的身上,而忽略了绝大多数的合作者,把主要针对少数不合作者制定的策略方法,运用到整个网络空间中来。这种因噎废食的做法也会影响网络社会的健康发展。因此,完善政府网络社会体制机制的建设尤为重要。

1. 充分发挥网络社会各个主体的作用。

网络社会管理涉及的主体有政府、社会组织、网络运营商和网民公众。政府在管理中发挥着主导作用。其中包括行业管理和安全监督管理等。社会组织可划分成行业协会和一般社会团体，它们起配合执行政府政策的作用；网络运营商是企业，经济效益是它们首要的、不可忽视的追求；网民公众是网络的被管理者，也在互联网管理中起监督的作用，如对谣言、破坏社会稳定等不良信息的举报等。

如今在国际上，中国的话语权正在逐渐增多。在国内，互联网所涉及的各行各业正在向精细化发展，进而形成一个全新的互联网体系。面对这一新的发展态势，政府在网络社会治理上除了要制定相应的管理规则，建立相应的监管机制外，还应充分发挥企事业等相关单位和部门的作用，建立有效的多元监管机制，将发展与治理进行有机结合，使互联网得到有序发展。政府的相关职能部门必须认识到，在信息化时代，网络社会治理不只是简单的技术问题，而是复杂的社会系统工程。网络社会条件下，政府不能再仅仅通过简单的行政命令直接管控信息，规定人们的行为方式，而应从社会整体利益和共同利益的角度出发，通过政策法规、经济手段和技术监督等方式进行间接规制。

在鼓励和发展网络社会的过程中，要尊重市场规律，充分营造网络发展的良好环境；注重引导教育，制定好规划和良好的政策法规，鼓励良性竞争；改变传统的社会管理模式，避免在网络社会管理方面的越位、错位和缺位状况的出现。

互联网作为人们使用的应用平台和工具，存在于各个领域，渗透于各行各业。对用户而言，由于其应用角度的不同，出现的问题也会千差万别。因此，要了解互联网技术属性和规则属性，并在此基础上，建立行之有效的互联网管理机制，使互联网在人们的生产生活中发挥其最大的价值。另外，当互联网应用形成一定规模之后，对各个领域所产生的影响，不是只单方面或者单一部门就可以进行统一管理的。由于互联网本身的分布式结构特点，不适合集中式的管理模式。在管理中，应回归互联网的本质、特征和属性，融合各种机构或组织协同，制定相应的规则与机制，共同管理，否则将会制约或影响互联网整体的发展。

20世纪是传统的政府管理方式发展的黄金时代，而网络时代的来临，使这种管理方式显得力不从心。探寻对网络社会进行治理和规范的有效方式和途径，要考虑和尊重网络社会的这些特点、功能和性质。创新的网络社会管理模式，必然要建立在对这种社会本质和特殊性的把握之上。[1]

2. 建立网络安全评估机制。

建立网络安全评估机制，维护公共利益和国家信息安全。[2] 网络与信息安全已从一个经济文化问题上升为事关国家政治稳定、社会安全、经济发展和社会主义精神文明建设的全局性问题。没有网络的可靠性、安全性和依法管理的有效性，就没有网络社会的健康发展。网络社会以其数字化、匿名性、仿真性和实时互动性等基本特点，向人们展现出一个全新的境域。目前国家和相关部委制定的法律法规已经不适合管理工作的需要。针对出现的一些新情况、新问题，国家和相关职能部门必须尽快更新或出台一些新的法律法规来规范网络社会的管理。统一信息安全领域的执法依据，确立评价网络行为的统一标准，将信息安全领域的法律法规与我国现有法律、法规体系进行调整、完善和补充，逐步建立由法律、行政法规、部门规章及行业自律规范共同组成的网络社会法律法规和网络安全评估体系。

3. 强化互联网行业监管机制职能。

互联网已渗透于各领域，发挥互联网行业的作用，是政府应注重的问题。工业与信息化部作为主要负责互联网行业监管的机关，对相关的互联网行业具有业务指导和管理的职能。在未来的发展过程中，需强化互联网行业管理，修订域名、IP地址资源管

---

[1] 李纲、陈诺：《网络社会管理的模式创新》，载于《理论视野》2011年第9期。
[2] 《中共十七届中央委员会第6次全体会议公报》，http://news.xinhuanet.com/politics/2016－10/27/c_1119801528.htm。

理办法，提高网站备案管理工作水平，并进一步加强对移动互联网、微媒介、即时通信、智能终端、应用商店等新技术新业务的引导和管理，继续净化网络环境。同时，为强化电信市场竞争秩序和服务质量监管，要继续推进垃圾短信清理，深化通信建设领域突出问题的专项治理，加强网络运行安全管理，完善战备应急通信保障体系，提高网络运行质量和应急保障水平。

新技术的发展，推动移动互联网向所有领域蔓延。在这个过程中，每进入一个领域，就会对这个领域或行业进行再造重构，改变整个生态环境。随着移动互联网时代不断发展，移动信息化的行业应用越来越受到重视，移动政务亦将蓬勃发展。移动互联网的相关监管机制的建立已是刻不容缓，在整个互联网治理中的位置会显得越来越重要。否则，可能会带来很多负面影响，从而影响互联网应用的良好氛围。

互联网发展之迅速，超乎了人们的想象。发展与治理是分不开的，发展到一定阶段时，出现的新问题就要由相关的规则进行约束与治理，并且通过治理促使互联网有序发展。互联网监管机制的建设不可能一蹴而就，应回归互联网本源，遵循其规律，建立相关的互联网监管机制。

4. 利用技术手段，建立科学有效的监管机制。

要利用大数据的理念和技术手段，加强对互联网使用人群分布解析和行为的解析，对微博、微信等网络的舆论走向进行科学分析，从定量到定性，从基础管理到内容管理再到行业管理，建立一套相对完整的科学有效的监管机制和工作联动机制，健全网络突发事件处置机制，形成正面引导和依法管理相结合的网络舆论工作格局。

在现实中，七亿多的网民已不再是未来互联网管理的重点。在这个数字背后，互联网的蓬勃发展对整个行业布局产生的影响是什么？是否可控？发展之后所带来的好的还是坏的变化？它们之间的相互影响和联系等内容，将是今后政府以及相关职能部门所要重点关注的问题。而这些内容都可借助技术手段加以分析，制定有科学依据的相关机制和规则。

5. 建立专业管理人员培训长效机制。

加强网络社会管理，建立专业管理人员培训长效机制，对于切实维护和保障国家信息安全，保障国家长治久安和确保经济社会秩序稳定等，具有特殊重要的意义。教育部在全国范围内已先后审批通过50余所高等院校创办设立信息安全专业，大力开展信息安全专业教育和专业人才培养。

同网络社会管理和信息网络安全社会防控体系建设的需求相比，我国无论是网络社会的主管机构、公安机关等相关职能部门，还是网络社会的互联网企事业单位等，都存在专业人员不足、不专的情况。因此，必须进一步加强对信息安全专业技术人员的教育培养。由于信息安全工作的特殊重要性，社会各领域的信息安全专业技术人员和从业人员已逐步形成一个特殊的职业群体，在政府管理和行业应用方面起着基础性作用，在网络社会管理和信息网络安全社会防控体系建设中占据着主体地位。网络社会管理和国家信息安全保障工作的任务越来越重，信息安全人才队伍的职业化建设已成为一项必然的社会需求。

(四) 网络社会管理法治制建设

"加强网络法制建设，加快形成法律规范、行政监管、行业自律、技术保障、公众监督、社会教育相结合的互联网管理体系。"[①] 网络社会是现实社会在网络上的多维体现，网络社会中已然形成了大量的虚拟社区。但是，我国针对网络社会并没有建立相关的道德准则和法律规范，对于其犯罪的表现形式、犯罪原因以及综合防控对策也缺乏深入研究。如同社会管理的目的是维

---

① 《中共中央关于深化文化体制改革、推动社会主义文化大发展大繁荣若干重大问题的决定》，百度百科。

护社会公平正义，促进国家健康和谐进步一样，实现对网络社会的管理从"人治"向"法治"的转型是全社会的期待，也是在当今网络时代我国建设法治社会的重要领域。

1. 推动加快互联网管理立法，为网络社会管理提供充分依据。

近几年，网络社会在我国得到了迅猛的发展。在发展的过程中也引发了一些新情况和新问题，如由于法律法规制定严重滞后，没有规范网络社会的网络法律法规，政法机关在执法中，面临着任何规制和管理措施都无据可依的尴尬。目前，我国针对网络社会违法犯罪的处罚条款，主要有《刑法》《治安管理处罚法》《中华人民共和国计算机信息系统安全保护条例》和全国人民代表大会常务委员会《关于维护互联网安全的决定》等法律法规。这些法律法规对网络违法犯罪的认定过于原则、笼统，覆盖面窄，可操作性不强。对网络违法犯罪的罪名定义、损失评估、网络犯罪案件管辖权等新问题，在处理过程中无法可依；对信息安全、个人隐私、网上知识产权和网络虚拟财产保护不足。例如《刑法》第二百八十五条、第二百八十六条，前一条规定只有"侵入国家事务、国防建设和尖端科学技术领域的计算机信息系统"才是犯罪，对其他非法侵入计算机信息系统的行为没有明确规定；后一条则规定只有"后果严重"和"特别严重"的才能予以处罚，由于对网络犯罪后果尚无权威的评估单位，损失评估很难量化。网络虚拟财产的价值认定问题在法律上也未明确。而在刑事司法操作方面，以行为地为主确定案件管辖权的传统原则，并不适用跨域性广的网络犯罪案件，容易导致管辖纠纷，影响司法效率。

2016年11月7日全国人民代表大会常务委员会颁布了《中华人民共和国网络安全法》（以下简称《网络安全法》）。《网络安全法》的出台具有里程碑式的意义，是全面落实党的十八大和十八届三中、四中、五中、六中全会相关决策部署的重大举措，是我国第一部针对网络安全设立的专门性综合法规。同时,《网络安全法》的出台也弥补了我国参与国际网络安全治理的短板,提出了应对网络安全问题的中国解决方案,是我国全面实施网络安全法治化建设的一个重大战略契机。

2. 加强法律法规宣传,培养网民的法律意识。

政府相关职能部门要经常性地开展互联网法律法规宣传活动,通过建立宣传法律法规的网站,开展法律法规知识竞赛活动,特别是针对青少年网民,应该在学校里开展普法活动,来培养网民的法律意识,消除网民对网络社会区别于现实社会责任要求的认识误区,警示网民在网络社会中的违法行为同样会受到法律追究,从而使网民在内心深处意识到,在网络社会中同样要对自己的网络行为负责,自觉地规范自己的网络行为。

网络社会管理是全社会的一项复杂的系统工程,政府职能部门应当从国家信息安全保障工作全局的高度加以统筹规划和积极谋划建设。参与网络社会活动的全体成员,都应努力为维护网络社会稳定,构建信息网络安全社会防控体系积极贡献力量。人类社会热切呼唤一个真正和谐、文明、健康的网络社会。

第六章

网络社会舆论环境治理

互联网是继报纸、广播、电视之后的第四媒体,其应用的广泛性远远超过了传统媒体,并且成为人们获取信息、交流思想、传播知识、发表评论的重要平台。网络作为现代社会舆论主要载体之一,反映了人们的思想和看法。政府如何利用网络社会中的新媒体引导社会舆论,从单纯的舆论管制到多元化治理转变,与公众建立一种良性的互动关系,是未来各级政府管理所面临的重要内容。

一、网络舆论构成

网络舆论是现实社会和网络社会现象的集中反映。网络社会与现实社会的问题和需求,构成了网络舆论的基本表达和诉求点。然而,任何社会都是复杂的,这种复杂性也带来了网络舆论的复杂性。网络社会主体身份边界的模糊,打破了人际交往的空间场域,信息传播技术变革及由此派生的多元互动工具,为网络社会营造出全新的生活模式,也为网络舆论的多元化带来了新的空间。

（一）网络舆论中网民分析

在 1999 年 5 月，我国驻南斯拉夫使馆被炸事件，是当时人们街头巷尾议论的重点话题。"人民网"就是在这个时间段，开设了一个抗议论坛，就此启动了我国网络舆论的先声。2003 年的"孙志刚事件"之后，越来越多的网民加入这一行列，把互联网作为自己表达心声，寻求社会关注的快捷渠道，从此愈发不可收拾。为此，学者们曾把 2003 年称为网络舆论的元年。在网络社会的舆论场中，网民无疑是发声的主体。他们从传统媒体的信息接收者转变成为信息的发布者，从被动走向主动，拥有了信息的选择权、主导权和发布权。正是由于拥有了这些权力，于是产生了网络社会舆论场中的"意见领袖"和"大 V"。他们是一群舆论场中的活跃分子，并且具有较强综合能力和较高的社会地位或被认同感，会引导或影响舆论走向。而对于普通网民来讲，由于舆论场中的信息成碎片化状态，他们只能通过网络上提供的信息"虚拟呈现"某个事件。

在网络舆论场中，网民可按照对舆论的关注度分为两种类型：第一类是"围观者"。他们对舆论事件只是围观，既不受舆论的影响，也不会发表任何看法和评论，不会成为舆论事件的行动方，是通常意义上的"观众"。第二类是"行动者"。这类人群又可划分为"显性的行动者"和"隐性的行动者"。对于隐性行动者而言，网络舆论对他们的影响是不确定的，他们关注事件的性质和事态的发展，以及对自身利益的影响，一旦受到网络舆论的进一步影响，他们会参与舆论事件的传播与评论，甚至成为网络舆论事件的推动者。

（二）舆论载体

1. 博客（Blog）。

博客是继电子邮件、论坛和聊天室之后的又一种网络交流方式,也称为"网络日志"。它是一个通常由个人管理的,不定期发布日志、张贴文章或与他人进行交流的综合性平台,是一种表达个人思想,并按照时间顺序,内容不断更新的典型的自媒体形式。《纽约时报》专栏撰稿人大卫·格拉格对博客的诞生这样描述道:"大约五年前(1997年),一些程序员尝试在网上推出超链接形式的日记,在网上张贴他们自己的技术层面的思考心得与个人生活方面的休闲内容。这引起人们广泛关注后,他们为那些技术门外汉兼网络热衷者开发了现在广为使用的博客网站简便维护工具,形形色色的博客网站就此悄悄繁荣起来。"[1] 2000年,博客开始进入中国,并得以迅速发展;起初,并没有引起十分地关注,直到2004年中国民众才真正了解了博客,并开始运用到自己的工作和生活之中。随后,国内多个商业网站纷纷加入博客阵营,相继建立了博客应用平台,如新浪、搜狐等。从此,中国互联网世界进入到"博客时代"。互联网以其平等、自由、共享等特点,赋予了博客开放性特征。它已不再是一个单纯的私人空间,而成为一种零成本、不需要编辑、无时空等因素限制的个人意见表达和与他人分享、互动的平台。换句话说,它不像传统媒体那样有专业化的"守门人"把关,而是依赖于个人用户在一个持续的基础上不断添加内容。[2] 由于博客主要是以内容传播为主的平台,又是自导、自编、自发,不像传统媒体那样受到种种限制,曾一度获得各阶层"精英"人士的追捧。

2. 微博。

微博是继博客之后在互联网传媒中出现的一种新的形式。微博的出现,不仅仅使人们的信息沟通更加便捷和即时,同时,微博上所发表的内容与博客相比较,对社会具有更大的渗透力和影

---

[1] 王冰:《自媒体的"歧路花园"——博客现象的深层解读》,载于《学术论坛》2005年第1期。

[2] 胡泳:《众声喧哗》,广西师范大学出版社2013年版。

响力。由于微博不同于博客以内容为主，其主体个性更加突出，很多普通人纷纷注册了个人微博，以获取虚拟空间的话语权。人们通过微博形成了自己的人际"圈子"。同时，一些在现实社会中具有影响力的"精英"们，如官员、学者、企业家等，在网络社会的舆论环境中也会成为人们关注的焦点，形成一个"粉丝"群体，引领着舆论的导向。另外，微博的传播方式是多中心、多级、多链条、多维度的，其内容更是以民生问题为主，其消息来源极为广泛，编发形式极具传播性，并存在两种舆论场，即民间舆论场和官方舆论场。这两种舆论场交集很少，形成了一种各说各话的基本格局。

3. 微信。

随着信息技术的飞速发展，移动互联网和智能手机普及率的提升，微信不仅成为我国互联网领域最具人气的应用产品之一，也是移动互联时代最主要的信息传播平台之一。2011年1月，腾讯公司推出的一个为智能终端提供即时通信服务的免费应用程序，通过移动互联网完成快速发送免费语音短信、视频、图片和文字等功能。通过QQ号或者邮箱进行账号注册。微信的使用者通过"摇一摇""附近的人"、扫描二维码等方法，方便快捷地建立"朋友圈"，并与圈中好友进行互动和交流。目前，微信用户已达8.89亿人，覆盖全球200多个国家和地区，发布超过20种语言版本，国内外月活跃用户超过5.5亿人。[①] 微信的功能服务不断迭代创新：社交通信，升级语音、视频聊天及朋友圈功能，推出群管理工具等。微信通过现有的QQ关系链或通讯录，构建成一个现实的、封闭的、稳定安全的熟人社交圈，尽管它不属于真正意义上的社交网络[②]，但它具有与社交网络相类似属

[①] 《腾讯公布2015微信用户数据报告》，https：//www.digitaliing.com/articles/18307.html.

[②] 社交网络：即社会性网络服务，专指旨在帮助人们建立社会性网络的互联网应用服务。如贴吧、人人网、豆瓣网等。

性,如通过"摇一摇"和"漂流瓶"等方式与陌生人交友,建立一种松散的人际关系。在信息传播方面,微信的基础架构是一对一的即时通信。随着技术的进步,微信不仅具有点与点间的通信功能,还可以实现一对多、多对多的信息传播功能。特别是微信公众平台的运用,实现了任何个人及团体机构向大众进行信息发布的功能,呈现一种媒体化路线的趋势。

二、网络舆论引导

政府门户网站平台经过若干年的打造与运作,已逐渐走向成熟,而作为政府与公众交流互动的窗口——政务微博,又开始进入人们的视野。随着我国政务体制和管理改革的逐渐深入,以政府为代表的公共服务部门的管理模式和服务目标,都在发生着相应的变化。作为互联网时代的产物,政务微博以其网络媒体的属性和特有的互动功能,为管理和服务提供了有效的手段,被各级政府部门所青睐,成为引导舆论的新平台、宣传政策的新窗口、化解民怨的新渠道,也为政府品牌的树立创造了良好的契机。

(一)信息平台的运用

美国总统奥巴马被称为史上第一位"互联网总统"。他的竞选团队利用互联网,在 YouTube 网站发布的视频节目,被网民下载播放了 1 450 万个小时。对美国的年轻一代,投其所好,使得美国很多年轻人不仅主动参与投票,还帮助他四处拉票。可以说,在某种程度上,奥巴马正是借助了互联网和网络社会社交媒体的力量,成功取得了竞选的胜利。新任美国总统特朗普也在 Facebook、Twitter 等社交媒体上拥有很多粉丝,Facebook 粉丝有 1 459 万人,Twitter 粉丝有 1 500 万人,远远超过了其他竞争对手。特朗普认为这种优势帮助他赢得了大选。通过这两个事例,说明通过互联网平台向公众宣传政府的执政理念和施政方针,已经成为互联网时代的重要途径。而政务微博的建立,对改善政府管理,强化为民服务,提高政府在百姓心中的信任度,树立良好的执政形象,均具有广泛的现实意义。

1. 从平台到窗口。

作为 Web1.0 时代的应用,门户网站阶段虽然有互动的元素,但最本质的沟通模式还是多对一,即类似报纸、广播、电视等媒体的传播方式,故被称作"新媒体"。电子政务门户网站的建立始于那个时期。因此,它也是以政府网站为中心点,向公众进行信息传输,基本是单向的广播形式。百姓作为用户,通过政府网站,主要是了解一些与自己相关的或感兴趣政务信息。Web2.0 时代与 Web1.0 时代最大的不同,就是它的互动性和个性化,用户不再是单纯的客体,被动地接收信息,而是作为参与者加入其中,既是使用者,也是信息的主动传播者和生产者。互联网已经进入了一个更加开放、交互性更强、用户参与建设甚至决定内容、可读写的真正"互联"阶段。

政务微博是 Web2.0 时代的应用,它不仅是政府政务电子化的重要组成部分,也是在政府与百姓之间搭建的一座桥梁。它从原有的门户平台,建立了一个与公众可以实时互动的窗口,让互动变得更加高效、更加方便、更加自然。政务微博犹如一个互动的社区,"关注"是它最主要的特征和模式。

政务微博在西方发达国家的电子政务建设以及施政过程中发挥了重要的作用。各类专业平台与主流平台,针对不同用户需求提供服务,虽各有强弱优劣,但它们之间相互配合、相互补充、共同促进服务商对政府机构的用户需求进行更为深刻的挖掘,以使其更契合政府处理事务的工作习惯,为微博在政务上的应用提供更为全面的保障。政府作为政务微博的使用主体,近年来,一直在探索如何使其的建设与管理更加标准化、一体化。

2. 我国政务微博平台现状。

2011年是中国政务微博建立的初始年,已历时七载,并初具规模。根据中国互联网络信息中心《第42次中国互联网络发展状况统计报告》显示,截至2018年6月,经过新浪平台认证的政务机构微博达到137 677个,较2017年底增长2.1%,其中政府机构微博89 832个。(见图6-1)

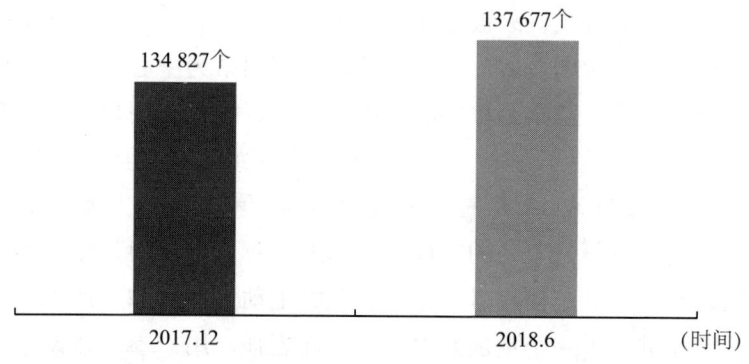

图6-1 政务机构微博数量

资料来源:新浪微博。

可见,政务微博已越来越被各级政府所重视,并逐渐成为党政机关宣传政策、表达观念、与民沟通的重要渠道。

政务微博有两种存在形态:

第一,官员个人微博。与政府机构政务微博有所不同,百姓对官员个人微博,更多关注的是他对某个事件的看法、对政策的解读,以及与个人生活相关的一些事情;而官员个人也希望利用微博,向公众表达自己的思想、价值观、理念和观点,展现其人格魅力与影响力,并通过与公众进行沟通,了解他们的所思所想。在很大程度上,官员个人微博强化和带动了公众对其身后政务职能部门的关切、信赖和情绪。这种综合认知将最终移转为政府整体形象的树立。一些地方政府曾经呼吁宣传部门的干部开设个人微博，试图借此拉近政府与民众的距离。目前，政府官员个人开设的微博，主要集中在县处级以下干部，且呈逐年上升趋势。

第二，政府微博群。政务微博群一般由多个政府机构微博组成。政府机构所开设的微博，表现形式要凸显各自的职能特性，具有贴近民生、务实办事、重视应用的特点。近几年，政务机构微博和网民相互呼应，联动效果十分显著，正在逐步实现由"宣传发布"到"服务民生"的转变，从倾听社情民意的问政平台，成长为常规化制度化的网络"办公平台"。政务微博群品牌的塑造，在名称上不仅要与该微博机构的职能相匹配，也要注意微博图标、微博简介、微博域名、微博口号、微博形象物、微博首页设置、微博文字格式、微博图片、微博视频和活动海报等方面的设计。在微博内容上也要以图文并茂等多媒体的形式呈现，使公众能够直接感受政府品牌形象。例如，2011年11月17日，北京市新闻办发起的"北京微博发布厅"正式上线，并独家落户新浪。"北京微博发布厅"将城市所有政府微博做了整合，在微博页面中进行集中展示。在2012年"7·21"特大自然灾害中，北京市政府机关通过政务微博联动发布官方信息，收集了解灾情，为救援行动和灾情管理评估提供一线实况。这种集中展示的形式，不仅对百姓起到了广而告之的作用，而且有利于形成部门联动的工作机制，促进政府提高办事效率。

3. 政务微博的定位。

我国正处于经济体制、社会体制改革的深水期，各种社会矛盾、需要政府解决的复杂情况层出不穷。由于管理体制的改革滞后于经济的发展，相关法律法规跟不上城市化快速前进的步伐，无论是政府还是百姓，大多处于一种迷茫的状态。一些政府官员，对新技术迅速进步所带来的信息膨胀准备不足，表现为要么敬而远之，要么疲于应付，结果在被动应对的过程中，漏洞百出，有时显得极为尴尬。而一些网民则利用网络平台，发表评论，肆意抨击政府的做法。鉴于此，作为政府为百姓解疑释惑、交流互动、提供服务的平台，树立政务微博自己的品牌定位，显得尤为必要。

（1）目标群体定位。民众对网络舆论的认识，大体有两种情况，一种是比较模糊，认为在网络社会里没有约束力，能够说一些在现实社会中不敢说的话，自己的真正身份也不会为人所知，所以，尽情地表达对某个事件或人物的看法与评论，不用负责任。另一种是对政府的相关政策和措施不了解，或者了解得不够全面，但受个人利益或从众心理的驱使，发表一些偏激的言论。因此，要根据网民的不同特点，如年龄、职业、性别以及不同的诉求等作为沟通对象，进行目标群体的定位，突出各类型群体的服务重点，使政府微博品牌与各类群体相结合，以求获得认同，增进公众的归属感，例如"石家庄共青团""微言教育"等。

（2）情感定位。我国政府职能，正在从计划经济时代大而全的行政命令方式，向市场经济时代以服务为主的方式转变，公众对政府的诉求越来越多样化，要求也越来越高，特别是与百姓利益息息相关的政策与决策的出台，他们需要了解更多的信息，如决策流程，而非简单的决策结果。而政府在出台某些政策时，往往忽略了百姓的知情权和互联网作为传播工具所特有的属性。尽管在制定政策时，政府大都从百姓利益和促进当地经济角度出发，愿望是好的，但决策过程不透明，往往造成误解，容易形成政府与百姓的对立。而在某项政策颁布或某个项目上马，引起公众的反对时，也未能进行审慎的论证，只是简单地遵从民意，又匆忙废止或下马，不仅造成很大的浪费，也降低了政府的公信力。为此，政务微博的定位，要考虑到百姓的心态变化，从公众体验的角度，用恰当的情感唤起他们内心深处的认同和共鸣，抓住公众心理，采用攻心策略，以吸引更多的关注人群。

（3）自我表现定位。自我表现定位，即通过微博界面的独特形象设计，使之向公众宣扬个性，表达个人价值观、政府导向，以及宣示本机构的与众不同。它不仅具有社会价值功能，同时也是公众在政务微博中表达个人观点、体验自我个性和感觉的介质和载体。

尽管世界上大多数国家已经完成了从农业社会向工业社会的转化，但由于政治体制和文化渊源的不同，许多经验和做法我们无法生搬硬套，需要自己摸索出一条适应中国国情的道路来。2007年1月17日，国务院颁布了《中华人民共和国政府信息公开条例》，使政府信息公开有了相关的法律依据，为政务微博品牌的建立提供了法律保障。政府通过政务微博向公众发布信息，使百姓了解政府的所思所想，引导网络舆论，树立政务微博的权威性，提高政府的公信度，是建立政务微博品牌的最终目的及意义所在。

（二）微信政务公众号

政务微博是网络社会政府发布信息，解读政府方针政策、为公众答疑解惑的重要窗口。然而随着移动互联网的普及与应用，建立在微信平台上的政务公众号在应急管理、舆论引导、组织群众等方面起到积极的作用。

2012年8月腾讯推出微信公众平台，一些具有前瞻性的政府机构纷纷开通了微信公众号。它的建立一方面实现信息发布、提供公共服务、实施社会管理等功能，另一方面也作为政务微博的一个补充，可从不同渠道扩大政府对舆论引导的力度。目前政务公众号所涉及的领域有教育、医疗、交通、环保等。

三、网络社会舆论场中的毒瘤——谣言

网络社会中的谣言高发期往往产生于现实社会出现突发事件

的时候中。改革开放以来,我国的经济得以持续高速发展,取得了举世瞩目的成绩,同时,各种事故灾难、公共卫生安全、社会安全等突发事件,也越来越频繁地刺激着公众的神经。在未来很长一段时间内,我国仍将面临突发公共事件所带来的严峻考验。然而政府信息发布迟缓,出现"信息真空",客观上为各种虚假信息及谣言的传播留下了空间,对保持民众情绪稳定和理解造成很大障碍。因此,有必要进一步完善信息公开和发布制度,保障公众对政府应对公共危机事件的知情权、参与权和监督权,使公众对政府行为有一个合理预期,避免人为的混乱。

(一) 谣言的产生与传播

一般来说,公共危机事件是针对受到事件影响的特定范围公众而言的。事件本身总会危害到公众的生命或财产安全,扰乱其正常的生活秩序。从这个意义上讲,某种自然灾害或人为事故能否演变为公共危机事件,公众做出什么样的心理与行为反应,是一个关键性的变量。只有那些引发公众集体性焦虑与恐慌的流言或谣言盛行,诸如抢购物品之类的非理性行为增多,甚至导致骚乱或暴乱的事件,才可能是真正意义上的公共危机事件。

1. 谣言传播特征。

谣言,简言之,就是凭空捏造的不可信的话。它是一种与信息相生相伴的社会现象,往往指没有事实存在的虚假信息,有时也被称为流言。它是靠推测或没有根据的信息、观点、偏见、愿望、恐惧、嫉妒等攻击性感情而构成的复合物。在突发事件中,谣言传播是导致政府的管理组织形象严重受损的重要原因之一,一般具有以下几个特征:

(1) 突发性且流传速度极快。一个谣言往往不知从何处冒出来,然后就开始迅速繁殖、流传开来。一般来讲,一次完整的谣言传播,通常经历了形成期、高潮期和衰退期等三个阶段。在谣言传播的形成期,只有少数人作为谣言的发源端相互议论,随之谣言的传播速度开始加快,迅速传给谣言的次级源端,再传给他人,从而形成一种"病毒式传播",这样就进入了谣言传播的形成期。在形成期,谣言传播速度逐渐加快,很快呈燎原之势,参与传播的人越来越多,范围越来越广。当谣言为绝大多数公众所接受,传播达到或者接近一种平衡状态时,谣言传播就进入了高潮期。如2008年6月发生在贵州省瓮安县,由于一位女初中生溺水身亡所引发的群体事件。谣言传播的高潮期过后,随着谣言重要性的减弱,谣言传播的频率开始下降,谣言传播逐步进入衰退期,直到完全消失。

谣言传播速度之所以很快,除了其内容具有稀奇性外,就是互联网推波助澜的作用。国外学者研究发现,谣言在一定群体或组织范围内的传播网络,不同于其他类别非组织传播的网络。美国人用"葡萄藤"来形容谣言的传播。他们发现,谣言的传播类似"葡萄藤"的蔓延,具有速度快、信息量大、反馈性强等特点,呈现出一种双向性、交叉性,其传播覆盖面呈几何级的速度增长。

由于公众所关心的问题没有彻底解决、疑问没有得到解释,谣言便有反复出现的可能。这种反复,表现在潜在状态和显在状态的交替。针对某一主题的谣言传播还有可能反复、循环出现。在企业公共关系中,这种情况通常是因为企业没有及时采取有效的应急管理对策所致。

(2)传播的主体及其动机的复杂性。对于一个突发事件而言,谣言传播的主体一般包括灾害的承受者、传播媒体和有意无意制造事端的其他公众。灾害的承受者有时也充当着谣言制造和传播者的角色,如湖南常德"某口服液致死人命"的事件发生后,由于企业没有及时采取有效的措施,消费者将病人死亡单纯归因于某口服液,再加上新闻媒介的介入,从而舆论四起,致使相关企业的声誉受到了严重损害。

新闻媒体有时也会成为谣言传播的主体,这往往是因为其只顾追求新闻时效而疏于深入调查所致。这种违反新闻真实性原则的行为，使得媒体无意中扮演了造谣者的角色。如2007年北京某电视台生活频道栏目播出了《纸做的包子》报道。该栏目编导称通过暗访，发现某早点铺出售用废纸箱和肥猪肉做馅的小笼包。这则消息被各媒体、网站转载，引起社会广泛关注。在百度搜索"纸箱包子"，搜索结果就达15.4万条，"纸箱包子"也成为最热门的话题。北京工商、食品安全部门对该报道高度重视，迅速组织执法人员，每天对全市的早点市场进行彻底检查，均没有发现"纸箱馅包子"。北京警方也为此专门成立专案组，全力核查此事，最后查明事实真相——该报道系栏目编导炮制的假新闻。

还有一些个体或群体也会有意或无意充当造谣、传谣者的角色。其中，有意者的目的在于利用谣言传播混淆人们的视听，以此方式发泄自己的情绪。如2009年6月在湖北石首市因一名酒店厨师死亡而引发了的群体性事件。23日，一位在外读书的学生为扰乱人们的视听，在网上传播"某大酒店又挖出尸体"的谣言，致使不少闻讯而来的当地市民向该酒店聚集。又如2015年8月天津港瑞海公司危险品仓库发生火灾爆炸事故后，谣言也随之而来。其中一条在微信朋友圈盛传"因北京距离天津较近，在风的影响下，有害气体可能影响北京"；"天津已混乱无序，某商场、超市被抢"。而这些谣言直接影响着公众在灾害面前的恐慌情绪，使舆情事件不断升级。（见图6-2）

（3）传播渠道的交叉性。谣言有几种传播方式：人际间的口头传播、媒体传播、利用互联网传播等。由于缺乏对事实真相全面了解和语言表述的问题，在人际间口头传播时，往往使谣言在传播过程中扭曲变形，甚至与事实本身（原始信息源）的信息相差万里。因此，这种人际传播具有随意性大、反馈迅速等特点。媒体传播具有独特的舆论导向功能，因此，它们的参与会使谣言形成自上而下的传播状态，其发出的谣言信息更容易取得公

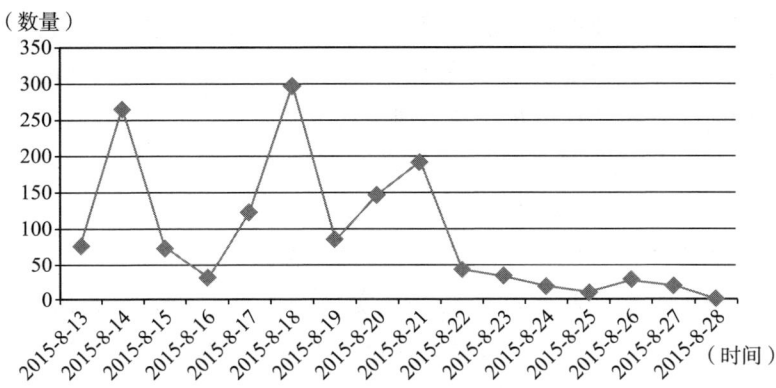

图 6-2 新浪微博舆情信息传播分析

资料来源：新浪原创微博数量。

众的信任。利用互联网传播具有即时性、互动性，给人们获取信息提供了便利。而且，网络传播的匿名性、虚拟性使对网上发布信息很难进行事前审查过滤，人们在获取信息时，也很难根据信息本身进行真伪识别。在求新猎奇心理的驱使下，人们往往喜欢对于谣言等反面动态信息津津乐道，不辨真假或半信半疑即予以传播。在一场完整的谣言传播中，往往既有人际间的口头传播和其他媒体的组合，也有媒体与网络之间的交叉。这种媒介的交叉组合，容易形成谣言信息的"旋涡"型传播，进而产生更大的能量。

2. 谣言产生的原因及传播条件。

在很多公共事件发生的初期，人们迫切需要信息以消除不确定性。但由于各种准确的信息来不及传播，或是权威信息的传播渠道不畅通，就容易为谣言或流言的传播形成市场，造成了谣言——这种非常态的信息传播方式大行其道。而产生的原因主要表现在以下几个方面：

（1）政府公信力弱化是谣言得以散布的社会意识基础。政府没有及时向社会提供准确的信息，或提供了不实的信息，导致政府公信力的降低或缺失，公众宁可相信从其他渠道获得的信息。当公众对政府缺乏信任感的时候，只需一点点推动，谣言自然四起。如同"狼来了"的故事一样，当谎言摧毁了政府公信力的时候，事实也就难免被当成谎言。

（2）网络媒体为谣言的传播起了推波助澜的作用。单一社会公众的认知力和判断力往往是有局限的。所以很多时候，社会公众的集体行为也具有很强的主观性。在缺乏官方权威可信的理性引导下，在互联网这样一个真实身份不易被暴露的表达环境中，这种主观性往往又被继续强化，进而造成互联网成为谣言发源和传播的温床。

（3）信息资源缺乏使谣言不胫而走。现实社会发生突发事件后，如果没有公共信息的及时发布，或现场与公众之间的直接沟通，特别是来自政府的相关权威信息，就会出现一个时期的信息真空，各种不确切的消息就会四处传播。

（4）由于安全感的不足，谣言成为一个排解紧张情绪的口头发泄途径。通过对谣言与流言的相信，以增强自身的安全感，或获得精神上、心理上的解脱，寻求事情合理解释的过程。通过这个过程，不仅是为了说服别人，也是为了说服自己。

另外，有些人自我控制能力较低，缺乏冷静与理智思考，主观上希望能够得到满足自身需要的信息。由于这些社会基础的存在，加之一些别有用心的人故意传播等因素，会使谣言或流言迅速在网络社会上传播开来，对整个社会安全与心理的稳定造成极大的影响。

（二）谣言带来的社会危害

谣言是一个社会毒瘤，是一种精神污染。对一个和谐社会的构建来说，理性而健康的社会心理是不可或缺的，它是和谐社会的一个基本前提和重要保证。而谣言正是通过对社会心理的影响引发各种危害的。所以，谣言是各级政府不容忽视的社会现象。

第六章 网络社会舆论环境治理

谣言的受害者绝不仅仅是谣言所涉及的当事人，它混乱了社会关系和社会正常秩序，对整个社会也会造成伤害。因为谣言能够对社会心理、民众情绪产生极大的干扰，影响人们的理性判断能力，从而制造混乱，影响社会稳定，进而使危害扩大。另外，当某一种或某一类谣言，尤其是政治性谣言为社会公众所普遍接受并在社会上广为流传时，谣言就不仅仅是对某些人或某部门造成某种程度的伤害、欺骗、扰乱，而且会给整个社会、整个地区甚至整个国家的稳定都带来更为严重的潜在危害。

由于谣言所涉及的主题往往是与人们利益相关的重大事件，会给人们心理带来很大的影响。当谣言传播开来以后，这种影响首先表现在个体心理上，逐渐形成了一个社会心理环境。人处在这种心理环境下，难免不受其影响。随着谣言的不断传播，影响力也随之迅速增强。这时，它不仅影响到个体心理，而且会对整个社会心理都造成巨大的压力，引起整个社会的情绪反映。在大的灾难发生之后，谣言对社会心理的影响更为严重，如果不对其予以足够重视，及时地进行辟谣，必定会引起社会的恐慌甚至剧烈动荡。如，2009年7月17日有人通过互联网和手机短信散布某县"发生核泄漏""钴60将爆炸"等谣言，立即引发群体恐慌，大批群众当天即乘出租车、三轮车、拖拉机等逃离家乡。2011年3月11日，日本福岛第一核电站1号反应堆所在建筑物爆炸后，造成了核泄漏。一则"据有价值信息，日本核电站爆炸对山东海域有影响，并不断地污染，请转告周边的家人朋友储备些盐、干海带，一年内暂不要吃海产品"的信息在网上蔓延，致使3月15～16日，我国多个地区的市民纷纷前往超市、便利店、农贸市场抢购食盐，食盐的销售量相较平时猛增了十几倍。随后，这股恐慌性的购盐潮从东部沿海开始向内陆和中西部地区蔓延，并席卷了中国大部分地区。一时间，闹得人心惶惶。

四、网络社会舆论场的挑战与治理策略

互联网的发展，极大地促进了我国信息的流动和人们意见的充分表达，对于普通百姓参政、议政，提高其话语权，加强社会主义民主建设有着积极的作用。毋庸讳言，由于网络自身的特点，在网民规模不断增大的同时，也随之产生了许多消极现象。有些不负责任的网民，在发表所谓个人意见和观点时，以戏谑、谩骂为能事，肆意宣泄自己的不良情绪，甚至一些别有用心的人，在某些突发事件或网络事件发生时，造谣生事，推波助澜，蒙蔽了不明真相的百姓，致使网下事件不断升级恶化，影响了社会的和谐与稳定。

因此，政府如何有效地利用互联网，积极引导网络舆论，加强网络社会的管理，是在全媒体传播环境下的一个新课题，也是对政府执政能力的一个挑战。

（一）网络媒体打破传统媒体格局所引发的问题

互联网以及新的信息技术的诞生，打破了原有传统媒体的格局，形成了个人媒体形式。网络舆情是由于各种事件的刺激而产生的，通过互联网传播的人们对于该事件的所有认知、态度、情感和行为倾向的集合[①]。人们通过网络，不仅可以对周围的事物、事件、人物等进行"点评"，也可以对政府出台的政策进行自己的解读，对政府官员的行为、地方的发展，社会上发生的公共事件等，发表个人的看法和意见，并广为传播。其对政治生态、社会生活等诸方面的影响显而易见，也是难以避免的。舆论方式已从原有的显性舆论方式，转换为现行的舆论方式。面对信

[①] 曾润喜：《网络舆情信息资源共享研究》，载于《情报杂志》2009年第8期。

息时代的网络舆情特点，要求我们的政府官员必须因势利导，以之相适应。然而，目前大部分官员仍缺乏对网络舆情的基本认识，对互联网也多是从技术角度去认知，未能站在更高的层面，从社会科学的角度去看待网络舆情给社会带来的新变化，工作比较被动。如湖南的石首事件，政府相关部门和相关工作人员对事件的不作为及新闻发布的语焉不详，造成了事件本身的恶性发展，影响了当地的社会稳定。

1. 网络认识和理念的偏颇。

互联网具有互联互通、快速即时、匿名隐身、跨地跨国界等特点，为公众提供了一个便捷的信息交流平台，使得传统媒体"你说我听"的广播方式，转变为"你听我说"和"我与你说"的具有现代媒体特点的互动方式。可以说，这是在信息传播领域里的一次革命。各级政府应该清醒地认识到这一点，正视现实，转变观念，改变以往的思维方式，正确理解互联网的作用，才能有效应对。然而，现在相当一部分领导干部对其仍然认识不足，主要表现有三点：

第一，网络是洪水猛兽。网络的出现扰乱了社会风气，降低了政府的公信力，不会给人们带来正面的宣传。认为利用技术手段进行管控，就可以解决网络舆论给政府带来的负面影响。

第二，网络反映的是少部分人的观点，并不代表广大老百姓的意见。特别是大多数文化程度较低的人群基本都不上网，因此推论出网络舆情代表不了民意。对待网络舆情采取听之任之，充耳不闻的态度。

第三，网络是虚拟的。网络事件是虚拟事件，不会对现实社会造成实际危害。

美国著名思想家杰弗逊曾说："思维方式决定行为方法"。对互联网和网络舆情认识上存在偏颇，必然会带来思维方式的僵化，进而产生行为上的偏差，带来在制定政策和实际工作上的失误。

2. 网络知识的缺乏造成话语体系的割裂。

随着互联网上各种即时聊天工具的出现,具有某种特定含义的网络语言也流行在网络中。对于这些特定的语言,一部分官员由于不了解网络的基本规律和基本知识,显得既迷茫又陌生。政府官员的话语体系和认知体系,与老百姓的话语体系、认知体系出现了巨大的矛盾和反差,使得官方舆论的传播失去了政府所期望达到的部分,或者全部效果。有时,官方那些不确切的、同老百姓语言环境不一致,乃至立场相悖的舆论,不仅不能答疑解惑,反而在某种程度上加速了流言的泛滥。主流媒体难以发挥对舆论的主导和引领作用,时常受到网络舆论的牵引,无意中起到了负传播效应。

3. 重视现实社会的管理,忽略网络社会的管理。

对现实社会的管理,中国共产党已经有了几十年丰富的经验。但是,对网络社会的管理方法和控制手段,尚缺乏研究深度,一些地方和部门面对不利网络信息时甚至是束手无策。特别是近年来,很多群体性事件都是公众情绪先在网络上集聚,最后在现实生活中爆发。一些别有用心的人也在利用互联网平台,在网上制造网络"细菌"、舆论泡沫,试图使政府与老百姓的矛盾不断激化,导致网上舆论事件演变成网下群体性事件。而一些地方政府的处理方式却比较简单、生硬,不能主动发布正确的信息与网民有效沟通,以正视听。而是对网络上的一些信息一味采用堵、封、删的方法,网民声音得不到政府及时回应,致使网络舆论进一步发酵升级。这些无不表露了政府在网络社会中的执政能力,远远低于在现实社会中的执政能力。

(二)政府舆论引导策略

"谣言止于智者"。从各种实际情况分析,每当突发事件发生时,社会公众就会通过各种渠道获取相关信息以满足他们的好奇心。所发生的事件与自身的安全与利益相关性越大,他们获取信息的欲望就越强烈,这实际上为谣言与流言的传播留下了空间并创造了条件。如何及时、有效地降低谣言的产生概率,消除谣言带来的危害,维护社会和谐稳定,是各级政府应当引起高度重视的问题之一。具体对策包括以下内容:

1. 加强政府信息公开的力度。

在网络社会中,每个人都可能成为信息渠道,都可能成为意见表达的主体。有个形象的比喻,就是每个人面前都有一个麦克风。这对舆论引导提出了更高要求。面对突发事件,政府和主流新闻媒体仅仅发布信息还不够,还必须迅速了解和把握网上各种新型信息载体的脉搏,迅速回应公众疑问。这需要政府,尤其是宣传部门具有快捷准确的舆情搜集和研判能力。如果在突发事件和敏感问题上缺席、失语、妄语,甚至想要遏制网上的"众声喧哗",则既不能缓和事态、化解矛盾,也不符合中央政府提出的保障人民知情权、参与权、表达权、监督权的精神。

在现代社会中,互联网、移动通信支撑的社会多元表达平台上,政府发声和舆论引导需要有比过去更高更强的能力,这有助于提升政府的公信力。特别是在中国社会转型期,面对错综复杂的利益调整,各级政府理应发挥作用,促进社会各阶层意见和利益的均衡表达与顺畅沟通,促进干群之间的对话,随时注意倾听民意、化解矛盾,维护社会稳定和健康发展。汶川经验就是一个政府信息透明的成功范例。汶川地震紧急救援时期,政府一天一场,有时是好几场新闻发布会,主流媒体放开新闻报道,互联网、手机、无线电、卫星通信等新技术传播媒介也各显神通,保障了灾情和救灾工作的高度透明。信息开放的结果极大地振奋了民族精神,增强了社会凝聚力,也提高了政府的威望,加深了政府和人民的血肉联系。

另外,各级政府及其职能部门通过加强网络监管,网上辟谣机制的建立,与媒体特别是各大主流网站、门户网站的沟通,一旦发现某一网站有社会谣言,及时采取行之有效的措施予以澄清,以"网上来网上去"的方法在各大主流网站、门户网站同时公开辟谣,让公众及时、全面了解事件真相,使社会谣言原形毕露,将网络社会谣言的危害降到最低程度。

2. 让公众享有充分的知情权和参与权。

政府以诚实的态度与老百姓建立起公开透明的沟通渠道,充分满足老百姓的知情权,才能取得老百姓对政府处理突发事件能力与手段的信任与配合。当社会面临重大危机,人们的生命财产安全和生活秩序受到威胁时,心理上出现紧张、焦虑与恐慌是一种自然的反应,而事件真相的不确定和模糊,正是引发此种消极心理反应的导火索。因此,为了缓解和消除这种心理压力,人们必然要通过各种渠道去获知与危机真相有关的信息。当人们从权威渠道不能得到充分准确的信息,无法解释事件的发生时,各种谣言或流言就会迅速出现,从而引发社会恐慌。如,2005年11月13日因吉林石化公司双苯厂爆炸事故引起的松花江水环境污染,有关部门没有及时发布真实准确的信息,使得一时谣言四起,造成哈尔滨供水危机。11月22日,市政府发布了真实信息的公告,并采取了相应措施,才迅速平息了谣言,社会也迅速安定下来。

3. 提高公众防范意识。

政府的舆论监管部门面对谣言时,必须从战略的高度认识和对待这一问题。在主动寻找谣言的源头、波及范围、造谣者的意图背景的同时,要注意发挥政府舆论领袖的作用,及时准确地从正面阐述事件真相,并对不同类型的谣言进行有针对性的控制,避免谣言进一步扩散。危机过后,政府仍需要运用相关手段处理谣言所带来的长期负面影响,修复对政府形象造成的破坏,以求与公众重建互信关系。

政府除了要有针对谣言的策略之外,还要有一些相应并且有效的控制手段措施。第一,利用政府掌握的主流新闻传播媒介和电子政务信息平台,公开澄清一些不确切的传闻。随着客观事实真相的报道，谣言自然不攻而破。第二，在事实调查清楚的基础上，依法惩治故意造谣滋事、唯恐社会秩序不乱，或有其他图谋的人。如，2008年山东临沂市公安机关成功侦破了一起随意编造临沂费县"剧毒花生致人死亡"谣言案，并对故意传播虚假恐怖信息的谣言制造者4人依法刑事拘留。第三，政府应急管理部门控制和掌握好信息源。特别是关系到民生的一些重大事件，一方面要尊重公众的知情权，及时发布权威性的、可靠的信息，最大限度地拓宽信息发布的渠道，堵塞谣言传播的渠道；另一方面对突发事件的知情者、损失承受者或信息涉及人也要进行教育、控制，以防止这些人进行不负责任的传播。

4. 提高认识，改变观念，政府要融入互联网。

如何把握舆情导向，提高政府官员敏感度，加强常态情况下的舆情监督，建立良好的舆论环境，舆论引导关口前移，最大程度上提高政府舆论的影响绩效。提高政府官员对网络舆论的认识是关键，这对降低突发事件所带来的影响与损失，也有着不可或缺的意义。

当突发事件发生时，老百姓的各种猜测和疑虑就会产生，公众要看的是政府的态度，即使是不怀好意的人也在窥视政府的态度。作为政府部门，必须从战略的高度认识和对待这一问题。事实证明，无论是采取对网络舆情不闻不问、视而不见的"鸵鸟策略"，还是任由事态发展的"等着瞧策略"，都会错过最佳处理时机。特别是在有些关乎民生的事件发生、发展过程中，政府若封锁信息或者反应滞后，往往会失去制造舆论的先机，导致舆论引导中的被动。在今天我们所生活的信息时代，"回避"不是最佳选择，要主动引导，寻找网络各种不实或不良信息的来源、影响范围和意图背景，发挥政府网络舆论监督的作用，及时准确地从正面阐述事件真相。主动融入互联网"网络社会"中去，扮演好政府的角色，履行好的政府职能，才是与网络社会产生互动，和网民形成共鸣，提高政府的公信力的基础。

5. 提高执政能力，成为互联网络中的一员。

首先，各级政府和官员要在观念上理解和接受网络这一新生事物，并与之相融合，成为互联网中的一员。研究网民的思维方式，用网民能够接受的形式建设、管理和利用好互联网，按照网络规律办事。

其次，政府不仅要引导网络舆论，还要做到会引导，如果不懂网络语言，不熟悉网络规律，可能就会产生相反的结果。所以，掌握网络特点，充分认识网络传播规律，熟悉网络语言等相关网络知识，是政府在网络社会中提高执政的基础。

目前很多地方建立了以政府命名的微博，如"平安北京""广州公安"等以公安系统为代表的政府微博，起到了很好的示范作用。这种形式拉近了政府与百姓的距离，在政府信息的公开的同时，提高了舆论引导的主动性。

自古以来，在老百姓心里，政府官员总是被神化的，他们期待官员十全十美，认为官员不可以犯错误，哪怕是一点点的瑕疵，没有形成一种对于官员的正常、平等批评，包容和谅解的传统。造成这种情况的原因之一，是政府与百姓之间距离很远，没有一个平台让大家对政府工作中的失误进行品头论足，阐述自己的诉求。既然互联网提供了这样一个平等交流的平台，百姓就会充分加以利用。如果官员们落后于百姓，就会形成在网络上话语权的不对等，难免会产生误解，甚至冲突。因此，政府应主动运用这个平台来进行有效沟通。

6. 建立和完善网络舆情预测、互动机制，提高政府宣传实效。

我国现在正处于社会转型期，也是社会矛盾的凸显期。一件突发事件或者紧急状态的出现和爆发，往往会影响社会的正常运行，对人们的生命、财产等造成损害。这就要求政府和社会组织，在采用特殊的措施应对的同时，建立和完善网络舆情的预警和监督机制。特别是如何把握消除负面影响、及时回应以化解矛盾的时机，尤为重要。在紧急救援中有"黄金72小时"的说法，同样，政府也应研究和探讨引导网络舆论的最佳时机，建立起政府与网民之间良性互动的机制，让公众享有充分的知情权和参与权，提高政府的公信力。

在面对社会转型期的各种错综复杂的利益调整中，各级政府理应发挥主动的作用，促进社会各阶层意见和利益的均衡表达与顺畅沟通，促进干群之间的对话沟通，随时注意倾听民意、化解矛盾，维护社会稳定和健康发展。从许多突发事件的案例看，都非常明确地告诉我们这样一个信息，当事件来临的时候，政府只有第一时间以诚实的态度与老百姓建立起公开透明的沟通渠道，充分满足和维护群众的知情权和参与权，才能取得老百姓对政府处理事件能力与手段的信任与配合。

在现代信息社会中，互联网、移动通信支撑的社会多元表达平台上，政府部门已不再拥有信息的优先发布权和控制权。当公共社会安全突发事件一旦发生时，一般在很短的时间内就会在网上出现，若干个小时后便会被多家网站转载，一两天之后网上的跟帖和讨论就可以达到高潮。在此过程中，如果政府不及时发布相关信息，各种谣言就会乘虚而入。特别是在网络信息传播渠道多元化的今天，信息不可能被完全封锁，这就要求政府发声和舆论引导要具有比过去更快、更高、更强的能力。只有建立公开透明、及时有效的政府信息发布机制，才能真正遏制谣言，争取工作的主动，才能在第一时间阻止网络谣言的散布、恐慌情绪的蔓延，控制和引导舆论走向，才能让公众全面了解事实真相，减少猜疑和恐慌，有利于事态的稳定。

各级政府及其职能部门应通过加强网络舆情监管，网络舆情引导机制的建立，与媒体特别是各大主流网站、政府门户网站沟通，一旦发现网络上有社会谣言，及时采取行之有效的措施予以澄清，以"网上来网上去"的方法公开辟谣，让公众及时、全面了解事件真相，使社会谣言原形毕露，将网络社会谣言的危害降到最低程度。

另外,政府部门可利用电子政务信息平台,公开澄清一些不确切的传闻。随着客观事实真相的报道,网络谣言自然不攻而破。特别是对于那些关系到民生的一些重大事件,政府部门可以针对大众媒体和网络媒体的不同特性分而治之。一方面要尊重公众的知情权,及时发布权威性的、可靠的信息,最大限度地拓宽信息发布的渠道,堵塞网络谣言传播的渠道;另一方面对群体事件的知情者及信息涉及人也要进行教育、控制,以防止这些人通过网络进行不负责任的传播。

7. 利用技术手段,引导网络舆情,加强舆论监督制度建设。

网络具有快速和广泛传播性的特点,网络舆情会使群体性事件影响扩大化,造成难以预料的社会动荡。因此,政府有关部门要加强网络信息监管工作,及时掌握舆情动态,加强对互联网服务商、互联网信息提供商及论坛、QQ群管理员或版主的管理。除了制定有关网络舆情管理的法律、法规和条例之外,还应注重网络技术的研发工作,如开发网络舆情监测软件,网络舆情监控系统等。对网络信息进行实时监控,指派专门人员负责掌控网络舆情动向,及时发现不利于社会稳定的信息。通过有效的技术手段加强对有害信息的跟踪和排查,特别是对那些破坏社会稳定的言论要早发现、定位准,在第一时间清除出网。实时观察各种论坛的舆论倾向及消息,加强网络舆情信息的分析,通过对零散、初级的信息进行汇总、梳理、归纳,形成有情况、有思想、有深度的舆情信息。当论坛中出现带有影响社会和谐的舆论时,认真研究其发生、发展规律和趋势,并通过技术手段介入到论坛中,正面引导大众舆论,同时为政府的相关部门预防和处置有碍社会和谐与稳定的群体性事件提供对策或建议,把网络当作促进政民互动和政务公开的一个良好的平台。

第七章

网络社会治理的防火墙

　　伴随着互联网普及率的提升和新技术的应用,网络社会的信息安全,不仅给虚拟空间,也给现实社会的经济发展带来了前所未有的隐患。因此,可以毫不夸张地说,互联网的安全,关系到国家的安全。近年来,越来越多的国家已经认识到了互联网安全对维护国家主权的重要性。尽管由于各国社会制度、国情不同、历史文化背景不同,互联网发展程度、治理模式和方法不同,但是,加强互联网空间治理的愿望却是一致的。

一、解读网络社会安全

(一) 网络安全的内涵与特征

1. 网络安全内涵。

　　网络安全是一个关系国家安全、社会稳定、民族文化继承和发扬的重要问题。随着全球信息化步伐的加快,更加突显其重要性。从互联网基础层面而言,网络信息安全,是一个由多种技术组成的综合性学科,其中包括计算机科学、网络技术、通信技术、密码技术、信息安全技术、应用数学、数论、信息论等。从保护网络系统的硬件、软件及其系统中的数据出发,必须确保网络会不受到偶然或者恶意因素的干扰而遭到破坏、更改和泄露，保障网络服务不中断，系统能够连续可靠正常地运行。从应用层面而言，互联网是网络社会和现实社会建立联系的纽带，网络社会是现实社会的延伸。因此，网络社会不仅具有虚拟化特性，同样具有现实社会的属性和在人类交往实践活动的各类表征。网络社会在给人们开阔的视野、自由的精神生活的同时，也隐含着诸多深刻影响人们生活、工作和精神世界的风险。网络社会中所存在的风险会以某种形式映射到现实社会中，并通过民众的参与，最终转变为现实社会中的风险和安全隐患。另外，在网络社会群体传播动力机制，以及信息传递选择性机制的作用下，会导致风险信息在网络传播过程中快速放大，呈几何倍数递增。社会风险的消极影响，也会通过群体心理机制和网络传播机制得到进一步扩散。如当今社会民生、廉政建设、涉外事件、公共安全类话题高居网络舆论榜首。其中，社会民生类话题所占比率持续排名第一，楼价、油价、菜价仍然是网民日常生活的关注焦点。同时，网络谣言频频出现，直接影响和干扰着民众正常的生活秩序，网民忽视真相并盲目跟风现象严重。微博、微信等社交工具作为反映社会舆情的重要载体，不仅成为人们社交生活不可或缺的平台，更成为大众直击信息、报道和参与社会生活的主要渠道。

2. 网络安全的主要特征。

实现网络信息安全必须具有以下几点特征：第一，完整性。这也是最基本的安全特征。它指的是信息在传输、交换、存储和处理过程保持非修改、非破坏和非丢失的特性，即保持信息原样性，使信息能正确生成、存储、传输；第二，保密性。它强调的是，有用信息只被授权对象使用的特征。为杜绝有用信息泄漏给非授权个人或实体，信息按给定要求不泄漏给非授权的个人、实体或过程，或提供其利用的特性；第三，可用性。指衡量网络信息系统面向用户的一种安全性能。系统运行时，能正确存取所需信息；当系统遭受攻击或破坏时，能迅速恢复并投入使用。第四，真实性。在信息交互过程中，信息的提供者不能否认或抵赖本人的真实身份，以及提供信息的原样性和完成的操作与承诺。第五，可控性。对于信息的拥有者在信息传播时，能够实现有效控制。

网络与信息安全问题日益严重，网络诈骗与盗窃、网络病毒、黑客攻击、淫秽色情、凶杀暴力、赌博等有害信息和违法犯罪行为，以及攻击我国政府和政治制度、损害党和国家荣誉与利益、危及国家安全与社会稳定等违法犯罪活动猖獗，网络信息安全形势愈加严峻。根据国家计算机病毒应急处理中心发布的《第十五次全国信息网络安全状况暨计算机和移动终端病毒疫情调查分析报告》中显示，2015年，各类敲诈勒索软件在我国大量涌现、肆意传播，成为近几年增长最快的网络威胁之一。在参与调查的网民中，64.22%的网民遇到过网络安全事件，[①] 特别是众多涉及信息泄漏的安全事件。重要数据信息泄露问题的严重性，以及企业在这方面安全建设严重缺失的现状，已被普遍认同并引起高度重视，围绕信息保护的相关法律法规相继出台。

（二）网络安全所带来的社会问题

自1994年4月20日我国全功能接入互联网至今，经过20多年的发展历程，我国现拥有8亿多网民、超7亿多手机网民、3.76亿微博用户、超10亿微信用户，每天信息发送量超过200亿条以上，网站总数为526.06万个，其中.cn下的网站数为199.61万个。中国已成为网络大国。互联网已融入社会生活方方面面，对政治、经济、文化、社会、军事等领域发展产生了深刻影响。

---

① 《第十五次全国信息网络安全状况暨计算机和移动终端病毒疫情调查分析报告》，http://www.cverc.org.cn/head/diaocha2015/report2015.pdf。

1. 网络安全现状。

随着我国互联网普及率的不断提升，互联网信息传播与国家安全、文化的健康以及下一代教育的关系越来越紧密。在对网络社会治理中，这些都是不可忽视的内容。由于"网络安全"具有独特的领域特性，特别是近年来，互联网的广泛应用使得网络安全挑战无处不在。针对我国的各类网络攻击、信息泄密、网络谣言等网络安全事件频发，给社会和经济发展带来了前所未有的安全隐患。造成网络社会不安全局面的因素很多，其中主要包括：一是各种操作系统及应用程序等网络漏洞不断出现，一些人非法侵入他人网络或攻击他人系统。由于网络的受众面大、实时性强，一旦发生涉网违法犯罪活动，其造成的危害，除了针对网站自身，更多的是指向社会公众。仅在2013年，我国就出现了国家域名解析节点受到拒绝服务攻击、多家知名公司用户信息泄露、"套餐窃贼""支付鬼手"以及手机高危漏洞等若干网络信息安全问题；二是网络信息的垃圾问题越来越严重，在跨国数据流中，存在大量有害信息，如虚假信息、冗余过时信息、黄色淫秽信息、政治反动信息、种族歧视信息等。这些垃圾信息在网上随意流动，相互渗透。由于全球系统的贯通，任何一个系统，任何一个环节的污染，都将给整个信息社会带来难以估计的破坏和损失，也会对国家安全、社会稳定造成极大的危害；三是网络上的硬件、软件、机密数据，甚至网络操作系统等都会受到威胁、损害或攻击。常见的安全威胁范围从完全的网络渗透到简单的病毒感染，一些是偶然的，另一些是蓄意的。这些威胁影响着软件、硬件，使整个系统处在不安全的环境之中；四是利用互联网诈骗、盗窃。如在网上发布虚假商品信息实施诈骗，或窃取他人的游戏账号，盗窃他人游戏中的"兵器"和"钱币"，谋取暴利。

与西方发达国家相比，我国网民的互联网安全防范意识比较淡薄。在网络安全保障工作方面，由于基础薄弱，关键技术的软硬件产品受制于人，网络安全系统在预测、反应、防范和恢复能力，以及安全防护能力方面，大大低于美国、俄罗斯和以色列等信息安全强国。在监督管理方面缺乏依据和标准，监管措施不到位，监管体系尚待完善，网络信息安全保障制度不健全、责任不落实、管理不到位，网络信息安全相关的法律法规不够完善，缺乏网络安全技术与管理人才，网络信息安全服务机构专业化程度不高，行为不规范等。基于这些因素，再加上计算机系统的漏洞和网络的开放性，病毒侵袭、网络欺诈、信息污染、黑客攻击等问题，给国家的经济建设和人们的社会生活带来了负面影响、安全隐患和诸多社会问题。

云计算、物联网等新技术在信息技术领域中的广泛应用，其所带来的安全风险，也将对我国网络安全防御体系建设继续产生影响，关键领域网络安全保障难度增大。

同时，伴随着网络空间地位的日益提升，国际网络空间主导权争夺也愈加激烈。美国等网络大国纷纷加强网络防御，并积极发展网络威慑能力，不断加大在网络空间的部署。2014年3月，"棱镜门"事件主角斯诺登更爆出美国国家安全局入侵多个公司服务器等严重网络安全事件。2017年5月，全球互联网大面积爆发"想哭"勒索病毒疫情。受到病毒影响的有中国、美国、英国、俄罗斯、西班牙、墨西哥、韩国、日本、印度尼西亚等上百个国家和地区，我国户籍管理、交通管理、出入境管理等政府服务也受到影响而一度暂停服务。

2015年，感染病毒、木马等恶意代码再次回潮，成为最主要的网络安全威胁（见图7-1）[①]。值得注意的是，更多的恶意代码并不像传统意义上的病毒，而是向灰色地带过渡。

[①] 国家计算机病毒应急处理中心：《第十五次全国信息网络安全状况暨计算机及移动终端病毒疫情调查结果》，2016年9月3日。

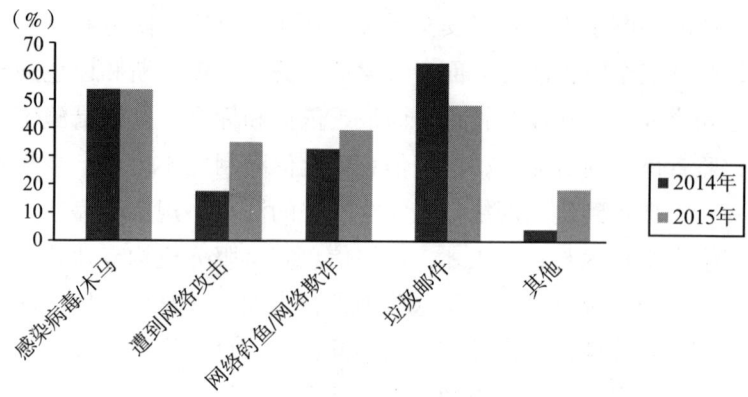

图 7-1 2014~2015 年发生过的网络安全事件

2. 移动终端安全状况。

近几年,移动互联网应用技术被广大网民所接受。在人们享受便捷式服务的同时,也陷入了网络安全的危境中。一些垃圾短信和钓鱼(欺诈)信息成为移动终端安全问题的主要杀手。网络钓鱼和网络欺诈,已经成为网民面对的主要安全威胁,其仿冒技术不断推陈出新,并且正在向信任度高、交互性强的微博、微信平台上转移。通过微信、微博的钓鱼和欺诈迅猛增长,使得移动终端的安全问题成为安全领域的重点和难点。另外,网络病毒对移动互联网用户也造成很多安全隐患,其感染途径。(见图 7-2)①

根据《第十五次全国信息网络安全状况暨计算机及移动终端病毒疫情调查结果》中的数据显示,2015 年有 50.46% 的移动终端使用者感染过病毒,比 2014 年上涨了 18.96%,涨幅较大。移动终端病毒感染率居高不下,移动安全成为网络安全的焦点。

---

① 国家计算机病毒应急处理中心:《第十五次全国信息网络安全状况暨计算机及移动终端病毒疫情调查结果》,2016 年 7 月 3 日。

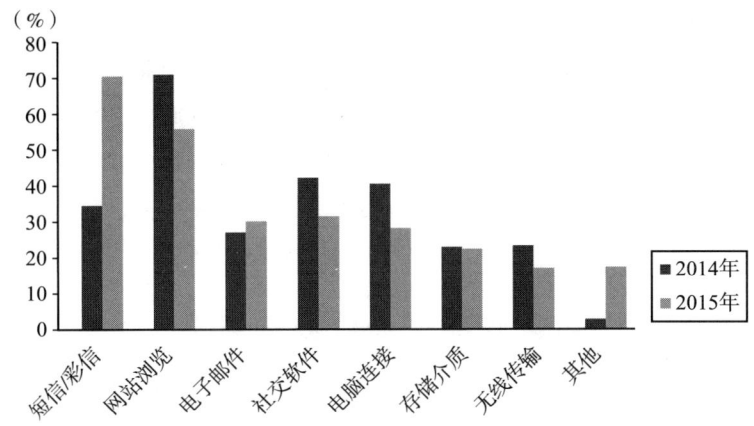

图7-2 感染移动终端病毒的途径

无论是何种互联网终端,网络安全问题都是需要共同面对的问题。目前,网络病毒的传播路径主要有几个方式:一是通过网络下载或浏览传播病毒,是病毒传播的主要路径;二是操作系统、浏览器和应用软件中存在的大量未修补的漏洞。这些漏洞会给互联网用户带来很大的安全隐患,也是不法分子用来传播病毒、挂马和发动攻击的最主要途径;三是下载应用软件中含有的病毒、木马等恶意程序,特别是各类游戏网站和低俗网站,已成为病毒、木马散布的温床;四是通过移动存储介质和电子邮件进行传播。

3. 网络金融安全现状。

随着电子商务应用的发展,网上购物、网上支付等商业模式已越来越被广大网民所采用。根据最新权威统计报告显示,2017年我国68.8%的网络用户使用过网络支付。特别是2012年,中国互联网网上支付的交易规模大幅度增长,电子支付已逐步成为现代支付体系中最活跃、最有发展前景的组成部分,电子支付市场发展迅速。但随之网络安全问题也接踵而来。《第十五次全国信息网络安全状况与计算机暨移动终端病毒疫情调查结果》中显示，在网络支付出现安全问题后，近七成（73.8%）的用户遭受的经济损失在 100 元以下；其次是 17.1% 的用户损失在 100~1 000 元；另外 8.09% 用户的损失在 1 000~5 000 元；0.97% 的用户损失超过了 5 000 元。与往年相比较，2015 年大额度损失比例有所下降，而 100 元以下的小额损失比率涨幅较大。

二、网络安全的影响因素

由于互联网技术的迅速发展和进步，网络社会中的信息传输与加工，可以在瞬间跨越地理位置的障碍而遍布世界各地，信息处理深入到各个部门和不同领域并已经进入了家庭。这一切，使人类开始进入信息化社会。毫无疑问，信息的重要性与战略地位使得信息安全与数据保护至关重要，并受到国际社会的普遍关注。当前，由于信息保护措施的不利或失误，世界各国所遭受的损失是巨大的。在商业、金融、交通、通信、国防、外交等领域所发生的大量信息安全事例，已充分说明了这一点。根据内部资料显示，2015 年在我国发生的网络安全事件中，感染的恶意代码以 60.5% 高居首位，是用户面临的主要威胁；其次是垃圾邮件和网络钓鱼/网络欺诈，分别占 46.2% 和 37.24%，另外，还有用户遭受网络攻击，未修补网络（系统）安全漏洞也占有一定比例。从以上数据来看，网络病毒、网络（或系统）漏洞、垃圾邮件、黑客等，是影响网络社会安全的主要因素。

（一）网络社会中的定时炸弹——病毒

1. 网络病毒与计算机病毒。

何为网络病毒？即通过互联网传播的计算机病毒代码。而计算机病毒，则是指编制或者在计算机程序中插入的破坏计算机功能，或者毁坏数据，影响计算机使用，并能自我复制的一组计算

第七章　网络社会治理的防火墙

机指令或者程序代码。①

从病毒的表象来看，生物病毒与计算机病毒既有相同之处，也有不同的地方。它们同样具有潜伏性、传染性、传播性等特征。不同之处是，计算机病毒不是天然存在，是人为设计出来的。

网络病毒，也可称为网络环境下的计算机病毒，它们并没有本质的区别，是现在计算机系统中最常见、影响最广的一种威胁。我们不妨通称为计算机病毒。它实际上是一种特殊的软件程序，是一段可执行码，不但能获取信息破坏系统软件、硬件，还能通过网络将其自身广泛传播，最终影响整个网络的正常运行，所有的资源均可以受到它的威胁。近年来，计算机病毒的种类急剧增加。2012 年传播最广的十种计算机病毒为："特洛伊木马"及其变种、"代理木马"及其变种、"木马下载器"及其变种、Backdoor_Rbot 及其变种、Kido 及其变种、Troj_Startpage 及其变种、"QQ 盗号木马"及其变种、Win32_AdWare.Undef 及其变种、"新鬼影"病毒及其变种、Download_Patched 及其变种。计算机病毒主要造成密码、账号被盗、受到远程控制、系统（网络）无法使用、浏览器配置被修改等破坏后果。如同生物病毒一样，计算机病毒具有独特的复制能力，它可以很快地加以蔓延，又常常难以根除。并且，还能把自身附在各种类型的文件上。当文件被复制或从一个用户传送到另一个用户时，它们就随同文件一起蔓延开来，受感染的范围也会越来越广，对不同区域和领域的信息系统造成了严重危害。

可以从不同角度给出计算机病毒的定义。一种定义是：通过外部存储介质和网络等作为媒介传播扩散，能"传染"其他程序的程序。另一种定义是：能够实现自身复制，且借助一定的载体存在的具有潜伏性、传染性和破坏性的程序。还有的定义是：

---

① 《中华人民共和国计算机信息系统安全保护条例》，第五章附则第二十八条。

一种人为制造的程序，它通过不同的途径潜伏或寄生在存储媒介或程序里。当某种条件或时机成熟时，它会自生复制并传播，使计算机的资源受到不同程序的破坏等。这些说法，在某种意义上借用了生物学病毒的概念。计算机病毒能够侵入计算机系统和网络，危害正常工作的"病原体"。它能够对计算机系统进行各种破坏，同时能够自我复制，具有传染性。

所以，计算机病毒就是能够通过某种途径潜伏在计算机存储介质（或程序）里，当达到某种条件时即被激活的具有对计算机资源进行破坏作用的一组程序或指令集合。

计算机病毒是一种人为制造的、在计算机运行中对计算机信息或系统起破坏作用的程序。这种程序不是独立存在的，它隐蔽在其他可执行的程序之中，既有破坏性，又有传染性和潜伏性。在网络设施层面，它影响机器运行速度，使机器不能正常工作，甚至能够渗透到电话局、公共电视网及其管理系统，并致使它们瘫痪；还能直接攻击和破坏计算机硬件系统，造成主板损坏，致使网络系统瘫痪。在应用层面，计算机病毒可经电子邮件、互联网下载文件、浏览网页感染以及黑客恶意侵入等方式传播，盗取用户信息，致使个人乃至国家财产受到侵害，并由此造成不可估量的损失。根据权威统计报告显示，2012 年，我国计算机病毒感染率为 45.07%。在受感染的用户中，感染病毒 3 次以上的占 40.76%。受经济利益的驱动，网上银行、网络支付等仍然是病毒的主攻目标。在盗取钱财的同时，不法分子还会窃取用户的私密信息。针对大型企业、重点行业的病毒传播和攻击正在逐渐增多。微博也成为新的关注点。

从根本上说，计算机病毒与我们日常使用的各种计算机软件程序在执行过程上没什么区别，所不同的只是软件程序的执行效果对用户有利，而病毒程序的执行效果对用户有害。这些年，大多数用户安装使用了防病毒软件和防火墙，认为有了安全软件就可以高枕无忧了，过高地依赖安全软件。实际上，安全软件也有其局限性。如何保护用户的私密信息，应对和解决频频爆发的大规模信息泄漏事件，已经成为信息安全领域的焦点问题。

2. 病毒的特征。

计算机病毒通过互联网进行传播，其速度和范围与所造成的危害性是成正比的。计算机病毒已经成为网络社会的一个严重的社会问题。它具有以下几个特征：

第一，寄生性与潜伏性。计算机病毒寄生在其他程序之中，当执行这个程序时，病毒就起破坏作用，而在未启动这个程序之前，它是不易被人发觉的。有些病毒像定时炸弹一样，让它什么时间发作是预先设计好的。比如"黑色星期五病毒"，不到预定时间丝毫也觉察不到，一旦条件具备的时候马上就"爆炸"开来，对系统进行破坏。

第二，传染性。计算机病毒不但本身具有破坏性，更有害的是具有传染性。一旦病毒被复制或产生变种，其"繁殖"速度之快令人难以预防。这里有一个重要概念需要强调，病毒的复制与传染过程只能发生在病毒程序代码被执行过后。也就是说，如果有一个带有病毒程序的文件储存在你的计算机硬盘上，如果你永远不去执行它，那么，这个计算机病毒也就永远不会感染你的计算机。从用户的角度来说，只要你能保证所执行的程序都是"干净"的，你的计算机就绝不会染上病毒。但是，由于计算机系统自身的复杂性，许多程序是在使用者未知的情况下悄悄执行的。比如启动计算机时会自动执行 Autoexec.bat 中所包含的程序指令、启动 Windows 时会自动执行"启动"文件夹中的程序等，这些都会给病毒以可乘之机。再加上盗版软件和下载软件的流行，许多人都是在不清楚所执行程序的可靠性的情况下执行程序，这就使得病毒侵入的机会大大增加。当病毒代码被执行以后，它或者驻留在内存中以感染其后运行的各种程序，或者损害硬件设备。

第三,破坏性。计算机病毒的种类很多,其破坏性的表现方式也有很多。按照破坏方式和破坏力的大小,我们可将病毒大致分为良性病毒、恶性病毒、极恶性病毒和毁灭性病毒。良性病毒的发作表现,往往是显示信息、奏乐、发出声响;恶性病毒则会干扰计算机运行,使系统变慢、死机、无法打印等;极恶性病毒会导致系统崩溃,无法启动,其采用的手段通常是删除系统文件、破坏系统配置等;毁灭性病毒对于用户来说是最可怕,它通过破坏硬盘分区表、引导记录、删除数据文件等行为,使用户的数据受损。如果用户没有做好备份,损失将无法挽回。以上所说的,仅只是传统的病毒破坏力,而随着计算机技术的发展,病毒制造者也在不断创新,让病毒将自身的复制品通过 E-mail 方式发给新的受害者。由于每一次病毒被激活就会发出 50 封 E-mail,这就使大量信件涌入邮件服务器,使服务器因不堪重负而瘫痪,从而破坏网络通信。这些病毒不仅会造成网络堵塞,影响正常邮件的往来,而且还会像传统病毒一样修改文件,毁坏数据,造成计算机使用上的问题。

第四,隐蔽性。计算机病毒具有很强的隐蔽性。有的可以通过病毒软件检查出来,有的根本就查不出来;有的时隐时现、变化无常。这类病毒处理起来通常是很困难的。一般正常的程序是由用户调用,再由系统分配资源,完成用户交给的任务,其目的对用户是可见的、透明的。而病毒程序的执行,是在用户所不知的情况下完成的,它的动作、目的,用户是未知的。有不少介绍病毒的文章提到,用户可以从系统运行速度下降、执行程序经常死机、可执行文件的大小或日期改变等现象,来初步判断计算机系统是否被病毒感染。这些说法其实对用户来说是没有实际意义的。导致计算机运行速度下降、执行程序时死机的因素实在太多了,如系统配置不合理、系统内部资源冲突等常见问题,都可能导致上述现象。如果用户用这些标准来判断计算机是否"中毒",那只能是草木皆兵,惶惶不可终日。那种原始的判断方式

第七章 网络社会治理的防火墙

已经没什么实际用处了。大部分病毒程序在侵入计算机并被执行后，只让它自身的复制功能有效，以感染更多的"健康"程序，而对计算机使用者来说，感觉不到任何的异常。当外界环境满足特定条件时，其破坏功能才会生效。这时，有些病毒会导致刚才提到的系统变慢、程序死机等情况的发生，而真正的恶性病毒则会删除文件、毁坏数据，造成不可恢复的灾难性结果。

（二）网络漏洞

如何在别人的计算机上植入软件，而又不被别人发现呢？其中一个办法就是利用漏洞。我们在近几年发生的互联网安全事件中，都会看到"漏洞"这个词。关于网络漏洞，目前还没有一个准确统一的定义。概而言之，这种漏洞，是应用软件或操作系统软件在逻辑设计上的缺陷或错误，它的产生往往会被不法者利用，通过网络植入木马、病毒等方式来攻击或控制整个电脑，窃取电脑中的重要资料和信息，甚至破坏系统。在不同种类的软、硬件设备、同种设备的不同版本之间、由不同设备构成的不同系统之间，以及同种系统在不同的设置条件下，都会存在各自不同的安全漏洞问题。[①] 漏洞是软件在开发的过程中没有考虑到的某些缺陷，从某种意义上讲它是一种错误。在当今的互联网时代，现实社会中的社会行为，如商业活动、医疗记录、社会生活和政府管理与服务，正在一点一点地脱离现实世界，以数据形式进入由软件构成的计算机内核。很多人对这些数据抱有兴趣。这其中不乏图谋不轨和别有用心的罪犯与间谍。他们通过漏洞植入病毒，使之成为他们用以获取数据或信息的武器。

漏洞不仅给个人信息安全造成了很大困扰，同时给国家安全

---

① 电脑中系统漏洞是什么意思，http：//zhidao.baidu.com/link？url=oWYm-VAIdx1Z3IhOALoYnbhkeALGHooBCUYIkNNcKWqfMQ7saF43M8iaPzmbPfC5JwABhEHtducIf8Y3J3Sakaq。

也带来了很大威胁。众所周知的爱德华·斯诺登事件就是一个典型的案例。网络社会的需求,更多地依赖于互联网的应用软件完成,人们在使用这些软件所提供的功能同时,希望它有一个完美无瑕、没有漏洞、安全性能绝佳的环境。然而,人们的需求越高,对安全性的期望也就越迫切,软件就越复杂,它们的漏洞也就越多。如此就形成了一种恶性循环。以笔记本电脑为例,其操作系统由数千万行代码组成,可安装的应用软件,大多数未全部完成就匆匆上市了,这必然会存在漏洞。因此,当笔记本电脑与数以百万计的其他设备(包括平板电脑和手机)连接,形势就会迅速失控。由于在系统或应用软件中存在漏洞,2013年美国共有3 000家公司遭到黑客攻击。互联网的诞生造就了一个无边疆的、互联互通的虚拟世界,在这里,信息可以自由流动,人们享受着在现实世界中所不曾有的满足和超脱,甚至迫不及待地想生活在这个"世界"中。然而,信息的流动是不以人们的意志为转移的,不会完全按照自己的意愿控制。这种失控的状态,受害者损失的是个人数据和知识产权,等他们发现自己遭受了攻击,往往已为时过晚。因此,必须提高自我的防范意识。

(三)黑客

网络黑客是网络社会的特有产物,它源于英文"Hacker"的译音,其起源可追溯到20世纪50年代美国麻省理工学院实验室的学生们。他们自由开放、精力旺盛,有自己特有的生活态度和方式,一副嬉皮士的装扮,成为当时计算机界所具有的文化特质。而且,他们还是一群高智商,具有独立思考能力,热衷于编制计算机软件的计算机迷,是一群对数字化世界狂热的猎奇者,是敢于挑战权威,善于探索的年轻人。从技术实现角度讲,他们曾有力地推动了计算机应用的历史性发展[①]。由于网络黑客行为

---

① 何精华:《网络空间的政府治理》,上海社会科学院出版社2006年版。

的复杂性,在学界对网络黑客褒贬不一,没有严格统一的定义。但是,由于网络黑客往往采用不正当手段侵入网络,损害了他人的利益和权利,甚至对社会秩序发展造成了极大的危害,这些都是必须正视的。

计算机和互联网技术应用范围的扩大和普及率的提升,致使人们在社会生活中,越来越依赖于互联网。网络黑客从单纯的维护网络安全性和完整性的思维,转为以窥视和盗取他人信息为目的,直接危及了政府、机构、个人的各种机密的、私有的信息数据安全。因此,必须用法律手段对那些扰乱社会正常秩序的网络黑客行为进行严厉打击。

最早的网络黑客通过技术手段,在电话亭打国际长途等免费电话,这一技术至今仍被一些人使用进行诈骗活动。随着社会发展和技术的进步,黑客们已不再满足免费使用技术资源,而是把个人对社会的不满情绪带入到他的黑客行为中。如前述"石首市事件"中,县政府门户网站就曾遭到黑客攻击,网民无法登录政府网站获取事件的相关信息,给当地的社会稳定带来了极大的危害。另外,2010年1月12日6点左右起,全球最大的中文搜索引擎——百度,遭到黑客攻击,长时间出现大规模用户无法访问的现象。受侵范围涉及四川、福建、江苏、吉林、浙江、北京、广东等国内大部分省市。这次大面积故障长达5个小时,经国内外互联网界造成了重大影响。

网络黑客的行为已从原有的个人行为发展成了组织行为,从单纯的寻求刺激、炫耀技能的恶作剧演变成了利用网络技术进行经济的或政治的犯罪活动。他们选择政府或军队的核心机密、企业的商业秘密及个人隐私,作为他们窥视和攻击的目标。破坏政府机构的网站,使它们突然瘫痪,不能正常工作。国家互联网应急中心《2017年中国互联网网络安全报告》显示,2017年我国境内有近2万个网站被篡改。(见图7-3)

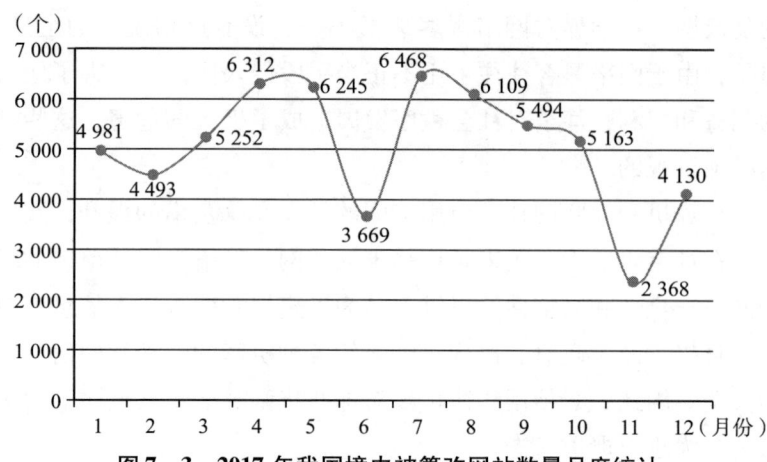

图7-3 2017年我国境内被篡改网站数量月度统计

资料来源：国家互联网应急中心。

其中被篡改政府网站有618个，较2016年的467个减少32.3%。(见图7-4)

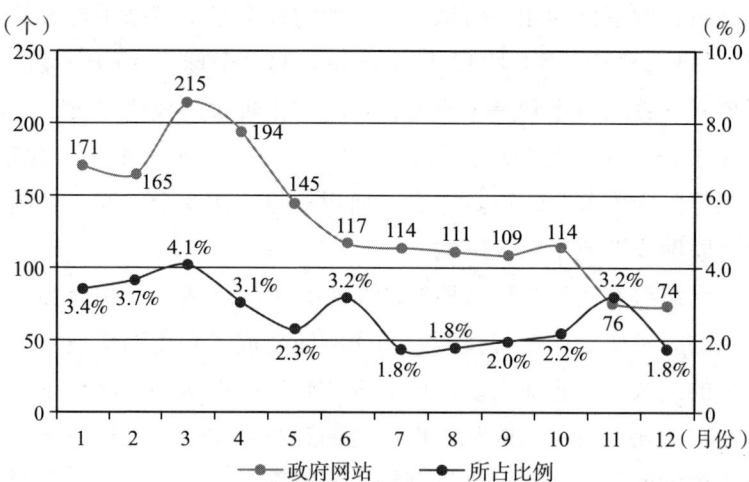

图7-4 2017年我国境内被篡改的政府网站数量和所占比例月度统计

资料来源：国家互联网应急中心。

除此之外，网络黑客活动还包括窃取银行账号，盗取巨额资金；以窃取到的机密信息资料为要挟，进行网上敲诈和恐怖活动；传播淫秽色情信息和视频文件等。网络黑客的破坏活动日益猖獗，他们利用网络管理中的漏洞，频频发起攻击，破坏网络安全，对经济秩序、社会稳定和国家安全已经构成了严重威胁。目前，全世界还没有一部完善的法律和管理体系对其进行规范和引导，也缺乏强有力的管理机构。所以，网络安全的保护是一个任重道远的工作。

三、构筑网络安全防火墙

网络信息安全问题，已不仅仅关乎广大人民群众工作生活，更是与国家安全与国家发展息息相关。2013年，网络空间风云激荡，国内外信息安全大事不断，热点频出。从美国爆炒"中国网络威胁论"到斯诺登引爆"棱镜门"事件，网络空间信息安全在全球范围内持续发酵发烧。国内技术安全与内容安全问题交织，国际压力与国内难题并存，信息安全问题愈加凸显和复杂。与此同时，我国在信息安全保障建设方面开始步入深水区，关注网络空间安全和加快完善互联网管理领导机制已被提上实现"中国梦"的重要议程，信息安全建设的新浪潮奔涌而来。

（一）网络信息安全机构与职责

工业和信息化部承担通信网络安全及相关信息安全管理责任，负责协调维护国家信息安全和国家信息安全保障体系建设，指导监督政府部门、重点行业的重要信息系统与基础信息网络的安全保障工作，协调处理网络与信息安全的重大事件。

公安部承担监督、检查、指导计算机信息系统安全保护工作；组织实施计算机信息系统安全评估、审验；查处计算机违法犯罪案件；组织处置重大计算机信息系统安全事故和事件；防治管理计算机病毒和其他有害数据；管理计算机信息系统安全服务和安全专用产品；管理计算机信息系统安全培训等多项职责。

针对网络信息内容安全，国家新闻出版主管机关负责对互联网出版和开办手机书刊、手机文学业务等数字出版内容和活动进行监管；对网络视听节目、公共视听载体播放的广播影视节目进行监管，审查其内容和质量。

此外，成立于2002年9月的国家计算机网络应急技术处理协调中心（简称国家互联网应急中心），是一个非政府非营利组织，也是我国网络安全应急体系的核心协调机构。作为国家级应急中心，国家互联网应急中心按照"积极预防、及时发现、快速响应、力保恢复"的方针，开展互联网网络安全事件的预防、发现、预警和协调处置等工作，维护国家公共互联网安全，保障基础信息网络和重要信息系统的安全运行。

2011年5月4日，经国务院同意，国务院办公厅设立国家互联网信息办公室，负责落实互联网信息传播方针政策和推动互联网信息传播法制建设，指导、协调、督促有关部门加强互联网信息内容管理，网络新闻业务及其他相关业务的审批和日常监管；指导有关部门做好网络文化领域业务布局规划，协调有关部门做好网络文化阵地建设的规划和实施工作；负责重点新闻网站的规划建设，组织、协调网上宣传工作，依法查处违法违规网站；指导有关部门督促电信运营企业、接入服务企业、域名注册管理和服务机构等做好域名注册、互联网地址（IP地址）分配、网站登记备案、接入等互联网基础管理，并在职责范围内指导各地互联网有关部门开展工作。

2014年2月27日，为贯彻落实中国共产党十八届三中全会提出的"要坚持积极利用、科学发展、依法管理、确保安全的方针,加大依法管理网络力度,加快完善互联网管理领导体制"的精神,中央网络安全和信息化领导小组宣告成立,习近平总书记亲自担任组长。领导小组着眼于国家安全和长远发展,统筹协调涉及经济、政治、文化、社会及军事等各个领域的网络安全和信息化重大问题;研究制定网络安全和信息化发展战略、宏观规划和重大政策;推动国家网络安全和信息化法治建设,不断增强安全保障能力。领导小组办事机构为中央网络安全和信息化领导小组办公室,由国家互联网信息办公室承担具体职责。

(二) 网络信息安全的相关政策法规

针对网络信息安全保障工作,我国陆续颁布了《国家信息化领导小组关于加强信息安全保障工作的意见》《国务院关于大力推进信息化发展和切实保障信息安全的若干意见》《国家互联网信息办公室、工业和信息化部、公安部关于加强微博客管理工作的意见》等若干相关政策。

其中,《国家信息化领导小组关于加强信息安全保障工作的意见》,第一次把信息安全提到了促进经济发展、维护社会稳定、保障国家安全、加强精神文明建设的高度,提出了"管理与技术并重"的指导思想,明确了安全管理在网络与信息安全领域中的重要地位。《国务院关于大力推进信息化发展和切实保障信息安全的若干意见》,多次强调加强安全管理工作的重要性,严格重要信息系统和基础信息网络安全管理;加强政府信息系统安全管理;严格政府信息技术服务外包的安全管理;制定政府信息安全管理办法等要求。

这些国家宏观政策文件,对加强和提升我国网络与信息安全管理工作能力和水平,提出了明确的要求。

自 2000 年起,为加强互联网管理,针对互联网安全、互联网信息服务等涉及网络信息安全事项,全国人民代表大会、国务院及相关部委，先后出台一系列涉及互联网领域的法律、行政法规和部门规章。2000年12月28日，第九届全国人民代表大会常务委员会第十九次会议，通过《全国人民代表大会常务委员会关于维护互联网安全的决定》；2004年8月28日，第十届全国人民代表大会常务委员会第十一次会议，通过《中华人民共和国电子签名法》；2012年12月28日，第十一届全国人民代表大会常务委员会第三十次会议，通过《全国人民代表大会常务委员会关于加强网络信息保护的决定》；2000年9月，国务院第31次常务会议，通过《中华人民共和国电信条例》与《互联网信息服务管理办法》；2005年9月，国务院新闻办公室、工业和信息化部共同颁布《互联网新闻信息服务管理规定》。这些法律法规，在推动和规范我国互联网建设发展过程中，发挥了重要作用。

为进一步推动即时通信工具公众信息服务健康有序发展，保护公民、法人和其他组织的合法权益，维护国家安全和公共利益，2014年8月，国家互联网信息办公室颁布实施了《即时通信工具公众信息服务发展管理暂行规定》，对即时通信工具服务提供者、使用者的服务和使用行为进行规范，对通过即时通信工具从事公众信息服务活动提出明确的管理要求。其中，对实施"实名制"管理做出了明确的规定，即时通信工具服务提供者应当按照"后台实名、前台自愿"的原则，要求即时通信工具服务使用者通过真实身份信息认证后注册账号。同时，明确了即时通信软件使用者的"七条底线"。

2016年11月7日由全国人民代表大会常务委员会发布了《中华人民共和国网络安全法》。《中华人民共和国网络安全法》的出台具有里程碑式的意义，是全面落实党的十八大和十八届三中、四中、五中、六中全会相关决策部署的重大举措，是我国第一部针对网络安全设立的专门性综合法规。同时，《网络安全法》的出台也弥补了我国参与国际网络安全治理的短板，提出了应对网络安全问题的中国解决方案，是我国全面实施网络安全法治化建设的一个重大战略契机。

（三）现阶段网络信息安全监管中的突出问题

1. 现行网络信息管理机构职能职责不明确。

面对互联网技术和应用飞速发展，我国现行网络信息管理体制存在明显弊端。表现为：互联网管理体制不顺，机构重叠，职责交叉，多头管理，权责不一，效率不高；或是多个部门管理同一事项，政策彼此矛盾；或是没有部门管理边缘事务，部门间互相推诿，不愿承担责任。曾经有包括国务院互联网信息办公室、工业和信息化部、新闻出版广电总局、文化部、教育部、工商总局、公安部、中科院、国家保密局等十余个部委的相关部门，分别负责互联网站的审批、经营项目及内容管理等工作的局面。如文艺类产品网上传播审批、上网服务场所许可、网游服务监管由文化部管理；数字出版内容和活动、推进新闻出版广播影视的科技融合由新闻出版广电总局管理；文字新闻类由国信办和网信办管理。

由于部门的分割化，导致网络信息安全管理缺乏统一的协调机制，谁都有责任、谁又都没有责任。而且，有的领导干部消极对待，有的惯性思维，用一些生硬的、被动的手段加以应付，也致使政府公信力下降。

2. 法律法规不健全。

网络安全法律法规建设是国家网络安全保障体系建设的核心内容，虽然我国先后颁布实施了若干网络管理法律法规，涵盖著作权和软件保护、信息内容管理、新闻转载和信息发布、网络出版、电子商务和邮件、网络广告、网络安全、技术规范、域名管理、经营场所安全和管理、刑事犯罪和民事纠纷等诸多领域，但法律法规体现的框架性条文较多，执行细则较少，与互联网的技术特点结合得不够紧密，不易执行。

在移动互联网的广泛使用和互联网金融的快速渗透发展中，我国网络法律法规相对滞后于网络应用实践，这些已经愈发体现出现有法律体系的不健全。而且，在我国现行的法律体系中，技术类的法规比较多，与互联网内容信息相关的法规却十分欠缺，难以为我国网络安全保障提供保障。并且，现有的网络法律法规，绝大多数是政府行政法规，在法律体系中立法位阶较低，系统效力等级不高。

3. 缺乏专业技术人才队伍。

据统计，连续几年信息安全人才一直被列为我国亟须人才之一。截至2012年底，我国培养信息安全专业人才4万多人。但据业内分析，我国对信息安全专门人才的需求量高达50余万人，供需差距巨大。尽管2016年，教育部共批准122所高校设置信息安全类相关专业，培养的信息安全类专业本科毕业生约1万人/年。[①] 其中清华大学、北京邮电大学、国防科技大学等70多所高校设置了80余个信息安全类本科专业，但这些学校基础不同，方向各异，内容混乱，相互掣肘，学科建设规模小，水平低，严重影响信息安全人才有序培养，人才总量和结构远远不能满足需求，复合型人才和专门性人才严重缺乏，信息安全自主创新能力较差，导致了我国信息安全关键技术整体相对落后，制约了我国信息安全保障体系的建设。信息安全人才短缺问题已经成为当前严重制约信息安全产业发展的瓶颈。

在中央网络安全和信息化领导小组第一次会议上，习近平总书记指出："没有网络安全，就没有国家安全；没有信息化，就没有现代化。"因此，当前亟须将加强网络信息安全人才队伍建设作为国家的战略任务，造就世界级水平的科学家、网络科技领

---

① 闵祥参、范九伦、张雪锋、刘意先、任方：《信息安全专业课程体系设置的几点思考》，载于《网络与信息安全学报》2016年第7期。

军人才、卓越工程师、高水平创新团队,切实把人才资源汇聚起来,建设一支政治强、业务精、作风好的强大网络安全专业队伍。

4. 自主开发的技术产品滞后。

由于历史原因,我国互联网通信领域大量使用国外产品,特别是在互联网通信网核心领域,采用的大多是国外厂商设备。据统计,截至 2013 年上半年,在金融领域,国内四大银行以及各城市商业银行的数据中心,全部采用的是美国思科公司的设备;在海关、公安、工商、教育等政府机构,思科公司产品的市场占有份额超过了 50%;在铁路系统调运网络中,思科公司产品的市场占有份额达到 60%;而在民航领域,空中管制骨干网络更是全部采用了思科公司的设备。

至今,我国还没有形成自主可控的计算机技术、重要的信息系统,关键基础设施使用的核心技术产品和关键服务还主要依赖国外。我国政府部门、重要行业的服务器、存储设备、操作系统以及数据库,也都是国外进口的产品。信息化产业长期落后,致使我国难以抵御外来网络攻击。从本质看,网络信息安全问题实际上还是网络技术自主创新的问题。只有牢牢掌握产业和技术主导权,打破国际巨头的垄断,我国的互联网产业才能真正得以发展,信息安全才能得到有效保障。

(四) 构筑互联网信息安全的防火墙

1. 完善体制机制。

党的十八届三中全会决定提出了"坚持积极利用、科学发展、依法管理、确保安全"的方针,以及加大依法管理网络力度,完善互联网管理领导体制的目标和任务。

2014 年 2 月,中央网络安全和信息化领导小组的成立,打破了原有网络信息安全行业多头监管、交叉管理的乱局。小组发挥着集中统一领导的作用,统筹协调各个领域的网络安全和信息化重大问题，制定实施国家网络安全和信息化发展战略、宏观规划和重大政策，不断增强安全保障能力，并指导有关部门做好网络游戏、网络视听、网络出版等网络文化领域业务布局规划。集中各部委分散的职能，指导、协调、督促有关部门加强互联网信息内容管理，依法查处违法违规网站。此外，还应该加快建立和完善政府部门之间的协作机制，加强各部门之间的信息沟通、协作配合和工作联动，从而形成自上而下的互联网全方位全过程综合监管机制；并适时整合相关机构职能，形成从技术到内容、从日常安全到打击犯罪的互联网管理合力，确保网络正常运用、安全运行。

2. 强化法制建设。

党的十八届四中全会审议通过了《中共中央关于全面推进依法治国若干重大问题的决定》。推进网络空间法治化，实现依法治网、依法办网、依法上网，制定立法规划，完善互联网信息内容管理、关键信息基础设施保护等法律法规，依法治理网络空间，维护公民合法权益，是这一决定在网络空间的延伸。2016年，国家第一部网络专项法律——《中华人民共和国网络安全法》正式颁布，标志着中国正式进入互联网法治时代。

如何进一步统筹规划互联网法律法规建设。首先，在广泛调研基础上，综合考虑各类法律法规的边界、范畴以及相互间的关系，制定网络安全立法规划，确定当前以及今后网络安全立法方向及重点，尽快出台国家层面的综合性的互联网法规。同时，围绕社会需求迫切的互联网应用领域，突出重点，加快出台一批新立法，制定关键信息基础设施安全保护、政府网络安全、信息技术产品和服务安全审查、新技术新应用下国家敏感数据保护等方面的法律法规；并根据实际情况，对现有互联网安全法律法规适时加以修订。

其次，要在立法基础上，加大对公众的网络安全普法宣传与教育，树立公民依法用网的意识，引导公民理性上网、守法上网。加强互联网行业自律，加大政府监管力度，培养一支熟悉网络媒体发展规律、知法懂法、具备新技术与新方法的管理队伍。建立干部培训制度，提高现有各级管理人员在网络安全管理方面的理论素质、法制观念和技术水平。

3. 自主研发信息安全的技术产品。

发挥政府导向作用，制定全面的信息技术、网络技术研究发展战略，下大力气解决科研成果转化问题；支持互联网技术企业发展，鼓励企业自主创新，突破核心技术，打破国外垄断，抓住IPv6转换机遇研发自主核心网络服务设备，加强网络通信、移动互联网、云计算、物联网、大数据等领域的技术研发，突破互联网发展难题；在国际范围内，加强技术创新合作，集思广益、互通有无，实现网络安全技术的共同进步。

汇聚人才资源，建设一支政治强、业务精、作风好、强有力的互联网安全技术保障队伍。培养高端、创新型网络人才，造就具有世界水平的科学家、网络科技领军人才、卓越工程师、高水平创新团队，为推进建设互联网自主核心技术提供人才保障。

4. 加强国际合作。

当前，由网络引发的许多问题往往具有全球性。这意味着，为了应对日益严峻的网络安全挑战，迫切需要各国政府、行业组织、民间协会等组织，密切沟通和友好协商，进一步加强合作，建立各国和全球信息安全的国际多边合作机制。通过双边和多边协商与合作，共同采取措施保障网络世界的安全。习近平主席在致首届世界互联网大会的贺词中指出："中国愿意同世界各国携手努力""共同构建和平、安全、开放、合作的网络空间，建立多边、民主、透明的国际互联网治理体系"。

我国应遵循网络空间建设五项基本原则，即"网络主权"原则、"平衡"原则、"和平利用网络"原则、"公平发展"原则与"国际合作"原则,积极在国际范围开展互联网领域的交流与合作,与世界各国共同承担起维护全球互联网安全的责任。加强制定国际网络安全制度,制定出一套操作性强、完整统一的国际网络安全制度,规范各项网络行为,做到国际网络安全"有法可依";并与世界各国深化合作,共同打击跨国、跨地域网络犯罪,打造打击网络犯罪的全球"天网"。

第八章

网络社会治理中电子政务作用

互联网催生了网络社会的产生,而网络社会所具有的开放、广域、结构独特和管理自治等特点,对政府传统管理提出了新的需求。我国电子政务虽然走过了十几年的历程,改变了一些现实社会的管理模式,但由于网络社会的形成,在其发展过程中,又面临着管理方式、舆论监管、信息安全等新的困境与挑战。因此,拓展电子政务功能,整合其资源,形成合力,才可使网络社会更加有序地发展,这也是电子政务未来的发展方向。

一、电子政务功能的实现

(一)传统电子政务功能

电子政务是信息技术在政务部门应用的结果,即信息技术与政务活动有机结合的产物。[①] 自20世纪90年代美国政府提出了信息高速公路理念之后,中国也进入了电子政务时代。2009年,各级政府基本完成了电子政务基础建设,从办公自动化逐渐形成了自动化、电子化、网格化的格局,从政府内网到政府外网,从

---

① 张锐昕:《电子政府与电子政务》,中国人民大学出版社2011年版。

原有单一的办公自动化、政府内部信息传送，到逐渐实现了政府信息公开、一站式服务，电子政务的功能不断扩展。

1. 实现了政府办公的自动化、电子化和网络化。

电子政务最基础的工作，就是以先进成熟的计算机和通信技术，建成一个满足政府机关办公自动化业务需要的办公信息系统，使政府机关内部各处室的公文和信息的交流畅通无阻，以提高政府办公效率；并通过政府机关内部各处室计算机网络之间的信息交换和公文交流，建立高质量、高效率的信息网络，为领导决策和机关办公提供服务，实现机关办公现代化、信息资源化、传输网络化和决策科学化。

2. 促进政府职能转变、流程再造和管理方式革新。

电子政务促进了政府职能转变的步伐。电子政务采用信息技术，改变了原有的工作程序、组织结构，使业务流程，围绕公共服务的核心内容优化重组。业务流程重组，要求政府部门不能再按照原有的工作理念和思路来运作，而要以服务为导向，调整业务功能模块搭配结构。

3. 拓展政府服务能力、为社会提供更加优质、便捷的公共服务。

从根本上改善政府的公共服务，是电子政务的核心价值。在传统计划经济体制下，政府的运作主要是面向管理和控制；而在现代市场经济体制下，政府的运作则主要是围绕公共服务展开的。电子政务的出现，极大地推动了政府职能的转变，因为电子政务的基本特征，就在于以客户需求为中心，充分利用信息网络技术，丰富政府公共服务的内容和形式，增强政府的服务能力，促使其服务绩效趋于最大化。与传统的政府服务相比较，电子政务着眼于更大范围内、更高层次上社会需求的合理化和现实化，它为民众获取各类政府公共服务提供了更广阔的准入空间。在日新月异的信息网络技术支持下，电子政务不仅能够以方便、快捷、多样化、个性化等方式，满足民众已有的服务需求，还能够通过对制度创新、技术创新和管理创新的整合，不断创造出新的服务需求。所以，构建电子政务，意味着政府职能转变的深化和政府服务能力的增强，进而使政府能够以前所未有的公信力、回应力和创造力，更多、更好地满足民众对公共服务品质不断增长的需求。

4. 提高政府管理的效率和质量。

在传统政务下，政府管理效率低下，决策、执行、协调、咨询和信息运作过程中的耗费高昂。电子政务的实施，使这些成本降低到最为合理的有效值。电子政务的公共服务领域十分广泛，如信息服务、办事服务，以及政府采购、政府招标活动等。在原有的政府分散采购方式下，采购资金脱离财政监督，盲目采购、重复采购、随意采购、不公平竞争等现象时有发生，导致公共开支的浪费和资金使用效率下降。通过电子招标、电子采购，不仅可以做到公开化、透明化、集中化，有效避免盲目性，也可对其进行有效监督，以节省开支，降低成本。

5. 增强政府监管力度、有效维护市场经济秩序。

信息化是加快实现工业化和现代化的必然选择。我国各级政府的工作范围涉及经济社会发展的各个领域，与企业、居民和社会各界的联系十分密切，电子政务对我国信息化全局有显著的主导和带动作用。信息资源的开发利用，是推进信息化的核心。政府是全社会信息资源的最大拥有者，推进电子政务，把政府掌握的信息资源开发利用好，将为国民经济和社会信息化发展创造良好的条件。推行电子政务，能够有效地带动国内信息产业发展，增强我国信息化发展的物质技术基础，更好地维护市场经济秩序，加强监管。促进政务公开，可以加强政府和社会公众对各权力机构业务运行的监督，实现政府相关信息和业务处理流程的公开化。实施电子政务后，政府的业务流程通过电子政务平台自动实现，其处理的过程、处理的时间、处理的结果、处理的依据对上级领导、相关公众、政府工作人员都是透明的，从而减少了传统政务过程中可能出现的暗箱操作。

（二）移动电子政务的特征及功能

无论是电子政务还是移动电子政务，都是依托于互联网这个平台。对于移动互联网而言，它代表的是移动和互联网的一种融合。二者融合后，产生了诸多产业或管理的新型模式。相对传统互联网而言，移动互联网重点强调了可以随时随地，且可以在运动中访问互联网，从而实现政府部门所提供的各种服务和信息发布。

随着后 PC 时代的来临和移动通信技术的发展，人们在电子政务实现的终端、接入方式和接入技术等的选择上，越来越趋向于多元化，其中，移动终端产品及相关移动通信技术在电子政务中的运用，也引起越来越多的关注。政府在电子政务建设和运营中，充分运用现代移动通信技术在终端功能、接入速度、接入安全性、移动互联网等方面优势，通过移动通信的终端、相关接入、认证和应用协议技术等，实现电子政务可移动化。移动电子政务具有政务工作更有效、更精简、更公开、更透明的特性，为企业和居民提供更好服务的优势；在重新构造政府、企业、居民之间关系方面，具有更强的互动性和更好的协调性。同时，在移动性和灵活性上也显示了其突出的特征。

移动电子政务属于电子政务发展方向的另一分支，是一种新兴的发展方式，在我国尚处于起步阶段，还不成熟。但随着移动用户数量的进一步上升，技术的进一步优化和升级，加上公众对移动服务的需求不断增长等，将为移动政务发展提供广阔前景。从其功能上讲，第一，有利于改善政府办公环境，简化机构之间的沟通，实现移动办公。政府内部用无线局域网组网，办公人员可随时随地接入办公系统；在外人员可以利用移动终端，通过 GPRS、CDMA、WAP 网络接入办公系统，不受地点限制；另外，也可以用短消息进行各种即时通知，实现手机收发电子邮件、移动电子审批、移动信息发布、移动个人信息管理等功能。第二，有助于加快现有办公流程，节省政府机构运营成本。将短信息平台和 GPRS 网络应用在移动办公自动化系统上，实现了政府办公自动化系统与多种无线终端之间的双向信息交换，从而使政府工作人员在处理日常事务时更加方便与快捷，加快现有办公流程。移动电子政务的应用，使工作流程更加灵活和富有弹性。由于电子化手段代替了许多人工化工作方式，可以大大节省日常运作的运营成本。第三，对提高政府、领导的决策能力，大有裨益。移动电子政务的应用，可以协助政府领导更加全面、详细地了解政府机构各职能部门、业务流程的运作情况，从而提高领导的决策力。第四，方便企业、居民与政府之间的通信，让政府办公真正面向社会。企业或者居民，除了可以使用 PC 接入互联网访问政府网站外，也可以利用移动终端访问政府移动门户，无论走到哪里，都可以办理各种业务。第五，它具有更好的灵活性和可扩充性，以及强大的备灾能力和安全性。移动组网和无线访问固有的优越性，使得移动电子政务具有灵活组网、无限扩充的能力。如果有线网络出现损坏，无线网络就可以发挥它灵活方便的优越性。另外，还可以通过身份认证和特有的加密解密算法，保证充分的安全性。第六，塑造更富弹性的服务型政府的形象。政府许多职能部门及机构，如国税、海关、公安等部门应用短信通知、企业专线接入、警务查询等移动电子政务业务，极大提升了工作效率，提高民众的满意度，塑造了良好的政府形象。在政府监管方面，由于移动互联网本身的特性，为政府自身监管和及时发布信息提供了相应的必备条件。

移动电子政务与传统电子政务相比较，具有以下比较明显的优势：第一，移动电子政务是对现有以固定通信技术实现的电子政务模式的一种延伸和扩展；第二，移动电子政务在技术层面以原有电子政务技术为基础，同时在接入技术、网络和接入终端上，结合了移动通信技术的最新发展成果。在全方位电子政务的网络结构和实际的电子政务应用中,移动电子政务的实现主要体现为在电子政务的接入终端、接入平台和技术上使用了移动或无线通信、网络技术的最新发展成果,主要是使用手机、掌上电脑等移动终端,通过 GSM、GPRS、CDMA 和无线局域网实现电子政务接入。第三,移动电子政务要通过一个技术平台、四个资源整合来实现。"一个平台"指数字化、网络化的技术集成平台;"四个整合"指政府资源整合、企业资源整合、社会资源整合以及社会服务整合。

二、电子政务面对网络社会的管理困境

互联网的出现推动了社会的进步,特别是近几年,网民数量逐年攀升,网络社会在发展中逐渐扩大,人们在虚拟空间中交流思想、发表议论、参政议政,进而对政府的管理方式也提出了更高的要求。尽管电子政务的实现很大程度上改变了政府流程,管理模式更加扁平化、更贴近公众,但随着网络社会的逐渐形成与发展,单向的电子政务已不能适应由于信息技术的发展而带来的公众对政府管理方式改变的诉求。在这一背景下,网络社会对政府的管理方式提出了挑战,电子政务在发展过程中也遇到了诸多困境。

(一) 信息时代传统管理方式的困境

正确的管理策略来自正确的管理理念。策略与技术是一对相互作用的基本元素,而理念则关乎事件的成败,技术只是理念实现的一种手段。对于电子政务而言,政务是核心,电子是为政务服务的一种技术手段。尽管互联网进入中国已有几十年,普及率也逐年提高,人们通过互联网进行着各种商业活动、文化传播和思想交流,对现实社会产生了不可忽视的影响。但在近几年发生

的群体性事件中，自发网络动员、网络不实信息，挑战着政府的管理能力和水平。事件出现时，政府总是被动地应对，一些政府官员面对网络社会的万象表现出很多的不适应，并把在虚拟世界中各种新的表象归结于互联网的出现。

（二）新媒体时代舆论监管的困境

由于互联网的出现，社会舆论改变了已有的传播格局，形成了人人都可在网络上发表看法、对政府提出质疑发表议论的自媒体时代。人们基于 SNS 人传人建立网络联系，一传多，多传多，利用网络这一低廉而快速的平台，由网民去发表内容、形成舆论。民众的组织化变得更加容易，人们不再通过张贴、散发纸质言论等传统方式发表议论，信息的传播方式已经彻底改头换面。这种现象，不只发生在中国，在国外也屡见不鲜。目前，网络舆论的高速发展与网络管理规范化建设相对滞后之间的矛盾已日益显现。政府部门之间，缺乏纵向有效沟通、横向密切配合的舆情管理机制，政出多门，互不衔接的现象比比皆是。对网络舆论所涉及的敏感问题，多个部门在收集信息，下级逐级向上报送、请示，再加之一些领导干部对网络舆情的认识不到位，延误了处理的最佳时机，造成了网上问题延伸到网下，从而酿成难以控制的更大事件。管理方式方法上，沿袭传统思维和模式，单纯寻求由宣传部门出面的封堵，结果是缘木求鱼，根本不可能达到预期的效果。

（三）安全的困境

互联网提供给人们便捷的工作和生活方式，成为百姓跨越时空进行思想和文化交流的平台，提供了来自各种领域的信息和知识。在网络社会中，人们可以通过互联网远程学习、远程交易。但是，网络也给政府带来了很多的安全隐患，隐含的计算机病毒随时对政府网站构成威胁，以及电脑黑客对政府门户网站的攻击等，如石首事件发生时，黑客对该政府门户网站进行攻击，使其处于瘫痪状态；2013年7月，咸阳市城管局官方网站遭到黑客攻击，网页被完全篡改。在国家互联网应急中心监测的政府网站中，2010年被篡改的政府网站比例达到10.3%，即全国有约1/10的政府网站遭遇了黑客篡改。在国家互联网应急中心最新公布的《2017年中国互联网网络安全报告》中显示，2016年我国境内约2万个网站被篡改，其中被篡改的政府网站有618个。①

政府网站安全性低，不仅影响了政府形象和电子政务工作的开展，还给不法分子发布虚假信息或植入网页木马以可乘之机，造成极大的危害。

三、借力移动互联网探索政府信息传播新渠道

移动互联网的发展不仅引发信息传播的变革、传媒格局调整，对于政府部门来说，又增加了一个政府信息公开的重要平台。

（一）政府信息传播要追赶移动互联网发展趋势

党的十八届三中全会明确提出了"健全民主监督、法律监督、舆论监督机制，运用和规范互联网监督"的战略方针。

移动互联网时代，政府应跟上信息技术发展的步伐，利用移动互联网进行实时信息传播。以北京为代表的多座城市，均已宣布了要建设"无线城市"的设想。随着移动互联网技术的发展和移动互联网创新热潮的到来，公众，特别是广大网民增强了对移动互联网的兴趣，提升了手机网民的使用黏性。3G的快速普

---

① 国家计算机网络应急技术处理协调中心（CNCERT）：《2017年中国互联网网络安全报告》，2018年8月。

及和无线网络的覆盖,为手机上网奠定了用户基础和网络基础。4G 也因其数据传输速率高,可以提供高性能流媒体内容,以及集成不同无线通信模式等特性,将逐渐被公众所接纳。

未来移动互联网将超越传统互联网,引领发展新潮流。在移动互联网时代,无空间概念将显得更加突出,人们在任何地方都可以进行交流和传播信息。近年来我国移动互联网发展态势良好,各应用领域网民规模均保持一定增长。截至 2018 年 6 月,我国即时通信网民规模达 7.56 亿人,比 2017 年底增长了 3 561 万人,增长率为 4.9%。其中手机即时通信网民规模为 7.50 亿人,较 2017 年底增加了 5 641 万人,增长率为 8.1%。使用率为 94.3%,位居互联网应用的首位,并逐渐逼近网民总体规模。① (见图 8-1) 由此看来,移动媒体必将在不远的将来,成为时代的主角。

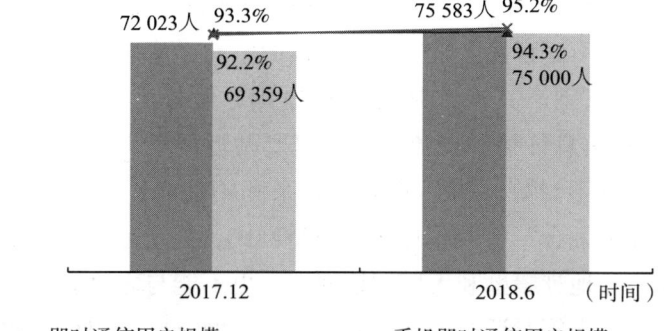

图 8-1 2017 年 12 月~2018 年 6 月即时通信/手机即时通信用户规模及使用率

资料来源:中国互联网络信息中心(CNNIC)互联网研究:《第 42 次中国互联网络发展状况统计报告》,2018 年 8 月 20 日。

---

① 中国互联网络信息中心(CNNIC)互联网研究:《第 42 次中国互联网络发展状况统计报告》,2018 年 8 月 20 日。

移动互联网对于多数政府网站来说，还是发展时间不长的一个新生事物。因此，各级政府要选择适当的发展战略，立足现实按需求进行建设，整合政府资源，平衡职能和流程的矛盾，确立一个合理的阶段性目标，充分利用移动互联网平台，传播政府信息。特别是在突发事件发生时，发挥移动互联网的特殊作用，以引导社会舆论。

（二）移动互联给政府信息传播带来更大机会

移动互联时代的到来，给政府信息传播，不仅带来了很多新的挑战，更重要的是，也带来了更好、更新的发展机遇。首先，是要尽快建立和完善互联网机制。移动互联网在促使更多用户便捷上网的同时，也提升了各项上网体验，尤其是基于真实生活需要的手机地图、购物、支付等应用，在满足了手机网民多元化生活需要的同时，使舆论环境也变得更加广泛。因此，制定移动互联网的相关监管机制，对于整个互联网的治理会显得越来越重要，如果管理不好可能会带来很多负面的影响，从而影响互联网应用的良好氛围。其次，是要把握原则，做好政府的"扬声器"。政府在信息传播和交流中，不仅要贴近网民，同时，还要把握好"友好不讨好，对话不对立，亲和不迎合，在融合中引导，在引导中融合"等基本原则。对待网民，甚至是政务微博粉丝，不应一味地献殷勤和无原则地迎合，更不能与之对立，而应是友好相待、平等对话、态度亲和。只有与网友以友相待，才能避免出现民众最忌讳的官话套话和形式主义。要把引导舆论，传播正能量作为己任。再次，要进行有效传播。如何利用政务微博这个平台进行有效传播，是政府在互联网时代的一个重要课题。作为政务微博，获得公众的好评，拥有大量粉丝数量固然重要，但利用或通过粉丝把政府发布的政策或相关信息进行再传播，才更加具有实质意义。因此，在舆论引导方面，政府应积极主动，把握信息传播的主动权，形成政府对外宣传的"扬声器"。健全基础管理、内容管理、行业管理以及网络违法犯罪防范和打击等工作联动机制，健全网络突发事件处置机制，形成正面引导和依法管理相结合的网络舆论工作格局。最后，实现电子政务的可移动化。移动电子政务使公务员可以随时随地处理公务，企业和社会可以随时随地获取信息和服务。因此，各级部门政府应充分意识到移动互联网对于便民服务的重要意义，大力宣传政府网站，让公众了解通过政府网站能够获得哪些自己所需的信息和服务。同时，要关注公众诉求，发扬民主，加强互动交流，把与公众利益相关的话题放到政府微博或网站上，听取大家的意见，激发公众参与政务的热情。

（三）有效利用多元化工具进行政府信息传播

智能手机、IPAD等智能设备的出现，不仅给移动互联网用户带来了更广阔的交流空间，同时，政府部门借助手机短信、移动客户端等发布信息，与传统的互联网相比较，无论是在内容吸引力、受众覆盖面，以及社会影响力等诸多方面，都开拓了一个新的、更广阔的发展空间。政府在信息传播方面，不应拘泥于单一的信息传播形式，应采用多元化的方式进行传播。一是用好现有平台。目前，政府部门进行移动信息传播，主要有两种平台方式，即短信平台和（手机版）政务微博。对于短信，大家早已不陌生，人们不定期的会收到由市政府或相关部门发来的一些告知信息；而政务微博，则是近年来逐渐兴起的一种新型信息发布形式。手机短信在政府信息公开过程中，充分展现了精确性、灵活性、低成本和目的性强等优势。但这种方式的弊病在于它的单向性。二是传播方式多元化。近几年，随着智能手机性能不断提升、价格降低，移动流量资费的下调，网民手机上网的比例逐渐提升。由于手机随身携带，多数移动网民会利用碎片时间随时随地高速浏览网页，在网上进行互动操作。政府应该大力建设适应移动互联网的信息发布平台，形成与公众交流方式的多元化。不仅依托政务微博平台、通过智能手机,与百姓建立快捷的交流方式,还应根据信息特点及用户的需求弹性,选择发布时间。发挥手机平台的优势,实现信息"一对多"同步发送的功能,实现传统媒体无法比拟的"瞬时"轰动效果。三是信息发布平台的融合。现行政府主要的信息传播平台,有政府的门户网站、政务微博、短信平台等。随着移动互联网技术的发展,微信平台已逐渐被广大网民所使用。可以预计,微信用户数量将很快超过微博用户数量。但目前微信平台上的政府微信公众号,却少之又少。因此,政府在利用好原有的信息发布平台的基础上,也应建立与移动互联网相适应的信息传播平台,逐步将电子政务平台、手机平台、政务微博平台、微信公众号平台进行融合,形成统一的政府信息发布体,从而保障政府信息传播渠道更加畅通。网民通过任何一个平台,都可以随时随地与政府相关部门进行互动,提出诉求,获得自己所需要的信息。四是传播内容的多样化。随着4G时代的到来,在信息传播内容上,应选择更多的类型和表现形式。有人说,视频是4G最大的机会。因此,对于移动视频应用,不应只局限在视频通话和在线流媒体两种方式,而应扩大其应用范围,如在常态或非常态情况下,信息传播内容除文字之外,还应加入语音和视频元素,并通过移动互联网实现办公移动化,在移动互联网上实现在线采访、微访谈等多种信息传播方式,从而提高政府的办公效率和信息传播的社会效益。

(四) 改善优化公务人员的自身能力结构

移动互联网在公务员中的应用,有助于提高电子政务效率。由于固定网络建设成本高,并且受地理环境、传输距离、用户集聚程度等诸多方面的影响,使政府的信息传播受到了某种约束。而移动互联网,不仅可以低成本地解决基层单位最后一公里的问题,而且可以快速实现区域网络覆盖,使公务员随时随地采集获取、传输和处理信息。

第八章　网络社会治理中电子政务作用

在信息技术飞速发展的今天，移动通信已被广大公众所接受。特别是近几年，随着智能手机的广泛使用，手机微博用户呈逐年增长的趋势，已经超过了互联网微博用户数量。由此可见，未来微博的主要发展运用平台，应该以手机用户为主，每个手机用户不用使用电脑就可以发表自己的最新信息，并和好友分享自己的快乐。微博建立伊始限定140个字符，就是源于手机短信的字符要求。可见，微博从诞生之初，就与手机应用密不可分，并建立了手机和互联网应用的无缝链接。作为政府官员，应注重个人信息技术能力的提高，适应新形势下对个人素质的要求，增强手机端同互联网端的互动，从而使手机用户顺利过渡到无线互联网用户。

移动互联网浪潮为信息传播带来新的入口，在原有话题信息流、时间信息流、关系信息流之外，又增加了空间信息流这一全新信息组织方式。这种位置信息，将为政府信息发布带来更大的传播空间。

第九章

我国网络社会治理的经验

2014年,中央网络安全和信息化领导小组成立,开启了我国互联网治理建设新元年,我国互联网治理建设的顶层设计逐渐明朗,进入互联网发展新时期。经过不断地创新实践,我国网络社会治理在组织结构、法律制度、环境治理等多方面都取得了实质性的发展和进步。

一、网络社会的时代定位

(一)我国社会发展进入中国特色社会主义新时代

党的十八大以来,以习近平同志为核心的党中央高度重视网络和信息化对国家社会各领域发展可能发挥的巨大引领作用,高度关注网络和信息技术应用带来的社会治理挑战,大力加强互联网监管治理力度。2014年2月,为统筹协调和科学治理国家经济、政治、文化、社会及军事等领域网络安全和信息化重大问题,中央网络安全和信息化领导小组成立,习近平同志亲自担任领导小组组长。在领导小组第一次会议上,习近平同志明确提出"没有网络安全就没有国家安全",提出"努力把我国建设成为网络强国"。

2016年，习近平同志在网络安全和信息化工作座谈会上再次从社会发展高度深刻指出，目前经历的信息革命将带来生产力又一次质的飞跃，对国际政治、经济、文化、社会、生态、军事等领域发展产生深刻影响。同时，习近平同志从网络和信息化技术服务民生的目标和任务、网络生态环境建设工作部署和核心技术突破方面，对网络和信息化深层应用和互联网治理提出了诸多殷切期望和明确要求。

党的十九大报告充分肯定了十八大以来网络和信息化对社会发展起到积极推进作用。报告首次将数字经济列为促进经济蓬勃发展的新型产业；将互联网建设管理运用不断完善作为十八大以来我国思想文化建设领域取得的重大进展之一。党的十九大报告指出，中国特色社会进入新时代，中国特色社会主义理论得到进一步发展，形成了习近平新时代中国特色社会主义思想；明确当前总任务是在全面建设小康社会的基础上，到21世纪中叶，把我国建设成为富强民主文明和谐美丽的社会主义现代化强国；结合实践经验，对经济、政治、法治、科技、文化、教育等十四个领域的发展建设进行了理论阐述，提出了政策指导，形成了引领未来国家发展建设的十四条基本方略。

在深入展开阐述十四条方略时，报告中有九处涉及网络和信息化融合应用的内容，对网络和信息化发展的驱动作用提出了殷切期望，进行了全面系统的战略部署。推动互联网、大数据、人工智能和实体经济深度融合，成为深化供给侧结构性改革的重要手段；共享经济，成为经济发展的新动能新增长点之一；网络强国，成为我国建设创新国家的目标之一；互联网内容建设、网络综合治理体系建设，成为社会主义文化繁荣兴盛的重要保障；网络教育，成为保障和改善民生的重要举措；提高社会治理智能化水平，成为创新社会治理的有力保障；基于网络信息体系的军队智能化发展，成为军队现代化建设的重要方向；网络安全，被视为全人类面临的共同挑战；善于运用互联网技术和信息化手段开展工作,成为党和各级领导必备的执政本领之一。

新时代互联网治理工作,将以习近平新时代中国特色社会主义思想为指导,遵循党的十九大对社会经济发展的总体布局,应势而动,顺势而为,科学规划,依法实施,全方位、深层次、多渠道,主动为网络和信息化在保安全、促发展、创幸福的社会建设中发挥应用的规范、驱动、监督、保障、惩治诸多作用。

(二) 明确科学的信息安全管理观引领互联网治理

1. 从社会发展角度,认识加强信息安全管理的必然性。

20世纪90年代以来,以网络、计算机多媒体技术为代表的信息技术,日益与人们日常生产生活相融合,改变着人类生产活动、社会交往、科研教育、政府治理的手段、方式,推动着社会各领域的创新发展。党的十八大召开一个月后,习近平总书记在地方考察中就参观了腾讯公司总部并寄语"人类已经进入互联网时代,这个互联网时代对人类的生活、生产、生产力的发展都具有很大的进步推动作用。"①

1994年,出于科研需要我国正式接入全球互联网络;1995年,第一个BBS讨论区——水木清华正式对外开放,网络社交开始起步;1998年,第一家搜索引擎——搜狐网正式运行,丰富了人们搜索信息的途径;1998年,世纪互联通信技术有限公司向首都各新闻单位宣布中国内地第一单网上电子交易成功,基于网络的新型支付模式诞生;2003年,阿里巴巴推出个人电子商务网站淘宝网,开拓了人们消费购物的新渠道;2004年,网游市场规模达24.7亿元,比上一年度增长47.9%,网游成为重要的休闲娱乐模式;2005年被称为博客元年,众多社会知名人士陆续在新浪博客落户,自媒体时代逐步揭开帷幕;2006年,中华人民共和国中央人民政府门户网站正式开通,电子政务建设

---

① 《习近平纵论互联网》,载于《人民网——人民日报海外版》。

进入加速时期；2007年，国家发展和改革委员会与当时的国务院信息化办公室联合印发我国首部电子商务发展规划——《电子商务发展"十一五"规划》，数字经济成为经济发展的重要驱动元素；2010年，新浪微博测试版上线，成为传播信息最快、最广的网络平台，自媒体蓬勃发展；2011年，互联网金融试水，支付宝、微信支付等逐步成为人们日常使用的支付手段之一。

随着信息技术的高速发展，信息技术应用范围日益广泛、应用环境日益成熟、应用程度日益深入，由此带来的安全监管治理问题逐步凸显，依法依规组织开展相应监管治理工作势在必行。

2. 从国家安全角度，认识加强信息安全管理的重要性。

着眼于国家安全和长远发展，着力于统筹协调社会各个领域的网络安全和信息化重大问题，2014年2月中共中央成立中央网络安全和信息化领导小组，习近平总书记担任领导小组组长。习近平总书记在领导小组第一次会议上发表重要讲话明确指出，"没有网络安全就没有国家安全"，网络安全和信息化是事关国家安全和国家发展、事关广大人民群众工作生活的重大战略问题，要从国际国内大势出发，总体布局，统筹各方，创新发展，不断增强安全保障能力，努力把我国建设成为网络强国。领导小组的成立彰显出以习近平总书记为领导核心的党中央保障网络安全、维护国家利益的决心和毅力。

3. 从辩证思维角度，正确处理安全与发展的关系。

在深入谈及在网络安全和信息化工作中如何正确处理安全与发展的关系时，习近平总书记指出，安全是发展的前提，发展是安全的保障，安全和发展要同步推进。古往今来，很多技术都是"双刃剑"，一方面可以造福社会、造福人民，另一方面也可以被一些人用来损害社会公共利益和民众利益。并且深刻阐述了当今网络安全具备的五大特征：

一是网络安全是整体的而不是割裂的。在信息时代，网络安全对国家安全牵一发而动全身。二是网络安全是动态的而不是静态的。信息技术变化越来越快，网络之间高度关联、相互依赖，网络安全的威胁来源和攻击手段不断变化，需要树立动态、综合的防护理念。三是网络安全是开放的而不是封闭的。只有立足开放环境，加强对外交流、合作、互动、博弈，吸收先进技术，网络安全水平才会不断提高。四是网络安全是相对的而不是绝对的。要立足基本国情保障安全，避免不计成本追求绝对安全。五是网络安全是共同的而不是孤立的。维护网络安全是全社会共同责任，需要政府、企业、社会组织、广大网民共同参与，共筑网络安全防线。

（三）清醒认识互联网环境中信息安全面临的形势与挑战

1. 信息安全总体形势日益严峻。

信息安全已经成为世界大国博弈的新领域，全球包括美国、日本、欧盟在内的50多个国家和地区已经先后制定颁布了国家或区域网络安全战略，明确了当前和今后信息安全的发展目标和重点，并且开展了相关工作部署。2016年12月，我国颁布了首部网络专项法律《网络安全法》，但尚未形成统一的网络安全防御体系，网络攻击溯源能力、攻击对抗能力、大规模网络打击能力明显不足。而且，近年来针对重要信息系统的恶意攻击频繁发生，攻击者的动机已不再是单纯的技术突破和经济利益，更笼罩上了军事、政治等色彩。

而且，我国关键信息技术和核心产品对外依存度高，产业支撑能力比较薄弱，安全攻防能力不足，难以有效抵御外部风险。长期以来，操作系统、数据库等基础软件主要由国外品牌和国际企业垄断。目前，在国内市场上国产操作系统的份额只占3%左右，国产数据库的市场占有率不到10%。国外路由器几乎垄断和主导我国大型网络项目的建设，涉及政府、海关、邮政、金融、铁路、民航、医疗、军警等众多要害部门。国外基础软件及设备在重要信息系统和基础信息网络的大量使用，给我国带来了极大的信息安全隐患。

2016年3月,"水牢漏洞"威胁到全球400万家网站和服务器,我国十万余家网站受到影响,漏洞允许"黑客"攻击网站,并读取密码、信用卡账号、商业机密和金融数据等加密信息。同年2月,Locky勒索软件变种在我国肆虐,短短几天就有数十家国内大型机构陆续受到侵害。该勒索软件还导致某央企部分终端用户瘫痪,造成重大经济损失。而多起针对我国教育、能源、军事和科研领域重要信息系统的APT攻击事件也被陆续曝光。

2. 新兴领域信息安全问题突出。

云计算、物联网、移动互联网、大数据等新一代信息技术的发展也给信息安全带来了愈加明显的挑战。新一代信息技术和应用模式的使用和发展,使得信息的获取、存储、传输和应用发生了新的变化,新的信息安全威胁不断出现。未来,信息安全的防护面积将会不断扩张,边界会日益模糊。同时,随着智能汽车、智能家居、可穿戴设备等新型智能设备的普及,传统的网络攻击和信息安全隐患也将延伸至这些领域,并衍生出更多的新型安全问题。黑客可能利用这些智能设备中所处理和储存的数据,执行更复杂、更严重的破坏活动。这些新型智能终端设备的信息安全问题所造成的危害更加严重,甚至于直接影响个人的生命安全。

在移动互联网领域,2016年国家互联网应急中心捕获到移动互联网恶意程序近205万个,与2015年相比增长39.0%,恶意程序数量连续7年呈现高速增长趋势。移动互联网恶意程序下载链接近67万条,比2015年增长近1.2倍,涉及的传播源域名约22万余个、IP地址约3万余个,恶意程序传播次数达1.24亿次。①

---

① 国家计算机网络应急技术处理协调中心:《2016年我国互联网网络安全态势综述》,2017年。

在工控设备领域,2016年国家互联网应急中心累计监测到联网工控设备指纹探测事件88万余次,并发现来自境外60个国家的1 610个IP地址对我国联网工控设备进行了指纹探测。我国工控系统规模巨大,安全漏洞、恶意探测等均给我国工控系统带来了一定的安全隐患。①

在云计算领域,云环境下数据传输更为开放和多元化,传统物理区域隔离的方法无法有效保证远距离传输的安全性,电磁泄漏和窃听将成为更加突出的安全威胁,云平台大规模数据泄露安全事件频频发生。

3. 电子政务网络安全隐患增多。

随着我国电子政务建设不断深入和拓展,教育、医疗卫生、就业、社会保障等民生方面的政务应用系统不断成熟,提高了政府服务社会的能力,获得了社会的广泛认可,加强和提升了社会管理能力和水平。近年来,电子政务依赖的技术手段不断完善,云计算、物联网、移动互联网、智慧城市、大数据等新技术不断应用到电子政务的发展中,改善了电子政务发展的技术环境,但在国家电子政务飞速发展的同时,其面临的信息安全形势也日益严峻。2016年,国家互联网应急中心监测发现约4万个IP地址对我国境内8.2万余个网站植入后门,网站数量与2015年相比增长9.3%。其中,84.9%的IP地址来自境外,总数约为3.3万个,对境内约6.8万个网站进行远程控制。在所有来自境外的IP地址中,来自美国的IP地址最多,占14.0%。②

在严峻的背景下,我国政府网站面临的主要风险包括页面被篡改、业务被攻击、数据被窃取、内网被侵入。并且攻击者攻击手段日益隐蔽,攻击者逐渐从网络层攻击转向应用层渗透和攻

---

① 国家计算机网络应急技术处理协调中心:《2016年我国互联网网络安全态势综述》,2017年。

② 龚维斌:《社会体制蓝皮书:中国社会体制改革报告No.5(2017)》,社会科学文献出版社2017年版。

击，攻击者动机从个人爱好或是扬名到追求经济获利。与此同时，电子政务系统自身还很脆弱，存在着网站管理机制不健全、网站人员技术水平有限、网站运维人员安全意识薄弱等一系列问题。

2016年，国家信息安全漏洞共享平台针对重点关注方向子漏洞库的安全漏洞影响情况进行巡查，全年通报涉及政府机构、重要信息系统部门以及行业安全漏洞事件24 246起，较2015年上升3.1%。国家互联网应急中心监测发现，2016年我国境内约1.7万个网站被篡改，其中政府网站有467个。2016年11月，黑客组织"影子经纪人"公布的一组曾受美国国家安全局网络攻击与控制的IP地址和域名数据显示，中国是被攻击次数最多的国家，受攻击领域涉及我国至少9所高校，12家能源、航空、电信等重要信息系统部门和2个政府部门信息中心。①

二、网络社会治理中的政府治理

（一）加强国家互联网治理顶层设计

2014年2月，中央网络安全和信息化领导小组正式成立，习近平同志出任领导小组组长。习近平同志在中央网络安全和信息化领导小组第一次会议中明确指出，中央网络安全和信息化领导小组要发挥集中统一领导作用，统筹协调各个领域的网络安全和信息化重大问题，制定实施国家网络安全和信息化发展战略、宏观规划和重大政策，不断增强安全保障能力。

2018年3月，根据中共中央印发的《深化党和国家机构改

---

① 龚维斌：《社会体制蓝皮书：中国社会体制改革报告No.5（2017）》，社会科学文献出版社2017年版。

革方案》，为加强党中央对涉及党和国家事业全局的重大工作的集中统一领导，强化决策和统筹协调职责，将中央网络安全和信息化领导小组改为中央网络安全和信息化委员会，负责网络安全和信息化工作领域重大工作的顶层设计、总体布局、统筹协调、整体推进、督促落实。在关键问题、复杂问题、难点问题上定调、拍板、督促。

在党中央的统一领导下，我国在互联网治理专项法规、互联网治理系统体制机制建设、互联网空间环境整治、互联网核心技术开发创新等领域取得了巨大的进展，迈出了互联网治理从无法到有法、互联网空间从无序向有序的治理新步伐。在营造清朗安全的互联网空间为人们谋求福利的同时，也进一步提升了人们依法用网、合法追责的互联网责任与法律意识。

（二）完善法律法规建设全面推进依法治网

从国家总体安全观出发，十八以来中共中央就网络安全问题提出了一些新思想新观点新论断。为深入落实十八大以来中共中央就网络安全问题提出的一系列新思想新观点新论断、加强国家网络安全工作做出的重要部署，十八届四中全会决定要求完善网络安全相关法律法规，推进网络空间依法治理，规范网络信息传播秩序，惩治网络违法犯罪，营造清朗网络空间。

2014年上半年，全国人大常委会法制工作委员会组织成立专项工作组正式启动网络安全法研究起草工作；2015年6月，第十二届全国人大常委会第十五次会议初次审议《中华人民共和国网络安全法（草案）》，并将草案于2015年7月6日至2015年8月5日期间面向社会公开征求意见；2016年6月，第十二届全国人大常委会第二十一次会议审议了修改后的草案二次审议稿，并再次面向社会公开征求意见；同年10月，草案第三次审议稿提请全国人大常委会审议。最终于11月7日《中华人民共和国网络安全法》（以下简称《网络安全法》）由第十二届全国人大常委会第二十四次会议经表决高票通过，2017年6月1日，《网络安全法》正式实施，标志着我国互联网空间正式进入了依法治理的崭新阶段。

《网络安全法》共七章合计七十九条，对网络运行安全、网络信息安全、监测预警与应急处置等进行了规定。《网络安全法》定位于维护网络空间主权和国家安全，对网络安全基本内涵、法律适用范围、网络安全基本原则、国家及相关部门职责范畴、个人社会组织法律责任等进行了明确规定。

同时，《网络安全法》第二章至第五章明确了网络安全工作的重点。从网络安全支持与促进，网络运行安全之一般规定与关键信息基础设施的运行安全，网络信息安全，以及监测预警与应急处置五个方面对网络安全事项予以规定，勾画出我国网络安全工作整体布局。《网络安全法》指明网络安全保障核心是关键信息基础设施，要着重落实运营者责任，注重保护个人权益，以技术、产业与人才为保障，全方位推进网络安全防护工作。

《网络安全法》的出台具有里程碑式的意义，是全面落实党的十八大和十八届三中、四中、五中、六中全会相关决策部署的重大举措，是我国第一部针对互联网空间治理设立的专门性综合法规。同时，《网络安全法》的出台也弥补了我国参与国际网络安全治理的短板，提出了应对网络安全问题的中国解决方案，是我国全面实施网络安全法治化建设的一个重大战略契机。

为配合和支持《网络安全法》实施，国家网信办、工业和信息化部、公安部、教育部等相关部门，围绕互联网信息内容管理、网络产品和服务管理、网络安全事件管理，先后制定了一系列战略规划、法律制度和标准规范。（如表9-1所示）

表 9-1　　　　　　　　网络安全领域相关文件

序号	文件名称	发布机构	生效时间
1	国家网络安全事件应急预案	中央网络安全和信息化领导小组	2017年1月10日
2	网络空间国际合作战略	外交部和国家互联网信息办公室	2017年3月1日
3	政务信息系统整合共享实施方案	国务院办公厅	2017年5月3日
4	政府网站发展指引	国务院办公厅	2017年5月15日
5	工业控制系统信息安全事件应急管理工作指南	工业和信息化部	2017年5月31日
6	互联网新闻信息服务管理规定	国家互联网信息办公室	2017年6月1日
7	互联网信息内容管理行政执法程序规定	国家互联网信息办公室	2017年6月1日
8	互联网新闻信息服务许可管理实施细则	国家互联网信息办公室	2017年6月1日
9	互联网产品和服务安全审查办法（试行）	国家互联网信息办公室	2017年6月1日
10	网络关键设备和网络安全专用产品目录	工业和信息化部、公安部、国家认证认可监督管理委员会、国家互联网信息办公室	2017年6月1日
11	一流网络安全学院建设示范项目管理办法	中央网络安全和信息化小组办公室秘书局、教育部办公厅	2017年8月8日
12	互联网跟帖服务管理规定	国家互联网信息办公室	2017年10月1日
13	互联网论坛社区服务管理规定	国家互联网信息办公室	2017年10月1日
14	互联网群组信息服务管理规定	国家互联网信息办公室	2017年10月8日
15	互联网用户公众账号信息服务管理规定	国家互联网信息办公室	2017年10月8日

第九章　我国网络社会治理的经验

续表

序号	文件名称	发布机构	生效时间
16	国务院关于深化"互联网+先进制造业"发展工业互联网的指导意见	国务院办公厅	2017年11月19日
17	互联网新闻信息服务新技术新应用安全评估管理规定	国家互联网信息办公室	2017年12月1日
18	互联网新闻信息服务单位内容管理从业人员管理办法	国家互联网信息办公室	2017年12月1日

（三）多部门携手开展网络环境治理

针对个人信息泄露导致的诈骗案件发生日益增多的严峻形势，为了建设绿色网络空间，① 2016年国家网信办牵头会同相关部委针对网民反映强烈、举报集中的重点环节、重点内容，展开了"清朗"专项治理行动，深入整治网络顽疾。2016年1月至9月，我国公安机关共破获电信网络诈骗案件7.7万起，查处违法犯罪人员4.3万名。

"清朗"系列专项行动由国家网信办牵头，工业和信息化部、公安部、文化部、工商行政管理总局、新闻出版广电等多部门共同参与，治理范围涵盖门户网站、搜索引擎、网址导航、微博微信、移动客户端、云盘、招聘网站、旅游出行网站等各平台各环节，治理内容包括各类违法违规文字、图片、音视频信息，是对网络空间的一次"大清理""大扫除"。

专项行动期间，各级网信办、工信、公安、文化、工商、新闻出版广电部门各司其职、密切配合、齐抓共管。网信部门发挥统筹协调作用，负责推进专项行动各项工作任务，全面加强对

---

① 2016年1~9月全国破获电信网络诈骗案件7.7万，http://www.xinhuanet.com//legal/2016-10/17/c_1119735335.htm.

PC端、移动端各环节网上信息内容的监督管理。工信部门夯实互联网基础管理，加强网站备案、IP地址、域名管理等工作，发挥技术优势，强化技术手段，会同互联网相关管理部门处置违法违规网站。公安机关严厉打击网上黄赌毒、电信网络诈骗、网络侵犯公民个人信息等违法犯罪行为，查处各类犯罪组织和人员。文化部门以网络游戏、网络表演、网络动漫、网络音乐为重点，开展网络文化市场专项整治，关闭严重违规网络表演房间，处置违规网络表演者。工商部门加强网络广告市场监管，印发《关于进一步做好互联网广告监管工作的通知》，出台并施行《互联网广告管理暂行办法》，切实规范互联网广告活动。新闻出版广电部门修订公布《网络出版服务管理规定》，印发《关于移动游戏出版服务管理的通知》，集中力量发现并处置网络出版、网络视听节目等业务中存在的违法违规问题，加强各类网络游戏作品的内容审查。

在开展"清朗"系列专项行动的同时，国家网信办会同全国"扫黄打非"办、商务部、国家版权局等部门，开展了网上"扫黄打非"、网上打击侵权假冒、"剑网"等专项行动，持续整治网络淫秽色情低俗、侵权盗版等违法违规信息，不断增强网站和网民的守法维权意识。

作为互联网与信息化工作主管部门，国家网信办积极组织协调各级网信办或会同相关部门和社会组织，围绕"清朗"网络空间开展专项整治工作，重点对互联网传播内容进行了多层次综合性治理，取得显著成就。

2017年初，国家网信办联合有关部门开展了"标题党"专项治理行动，多家知名门户网站因存在突出问题被依法处罚。随后，各级相关部门先后对互联网空间中危害国家安全、传播色情暴力、制造虚假信息等违法行为，以及违规开展信息采编服务等进行了依法查处或约谈警示。不少知名网站分别受到罚款、依法关闭或约谈等处罚警示。① 同时，国家网信办还开展了互联网直播服务企业备案和互联网应用商店备案等工作。

国家网信办、工业和信息化部、公安部、国家标准委员会还联合开展了"个人信息保护提升行动"，对隐私条款进行了专项检查，以加强网络运营者对用户信息的保护。在检查部门的指导下，接受检查的微信、新浪微博、淘宝、京东商城等网站和手机应用，共同发起并签署了个人信息保护倡议书。同时，公安部继续开展打击整治网络侵犯公民个人信息专项行动，严厉打击窃取、贩卖、非法利用公民个人信息的犯罪活动。

三、网络社会治理中的社会参与

（一）网络社会治理中的民众参与

2016 年 4 月 19 日，习近平同志在网络安全和信息化工作座谈会上强调，网络安全是共同的而不是孤立的。网络安全为人民，网络安全靠人民，维护网络安全是全社会共同责任，需要政府、企业、社会组织、广大网民共同参与，共筑网络安全防线。广大网民积极响应参与互联网治理，通过中国互联网违法和不良信息举报中心、各级网信办举报部门以及千余家网站，对各类网上违法有害信息主动举报。中国互联网违法和不良信息举报中心 2017 年 1 月至 11 月的全国网络举报受理情况统计显示，该中心受理有效举报约 4 824.6 万件，直接处理或向执法部门转交有效举报约 4 584.4 万件，通过各类渠道向网民反馈处理结果 4 518.9 万件。

---

① 龚维斌：《社会体制蓝皮书：中国社会体制改革报告 No.5（2017）》，社会科学文献出版社 2017 年版。

我国政府通过广泛动员网民举报，梳理总结举报信息，开展重点专项核查，为后续处置提供了有力支持；成立由中国互联网协会牵头、各有关全国性网络社会组织共同参与的评议团，开展分领域评议工作，为网络空间治理献计献策；加强云计算、大数据分析、信息检索等新技术在网络空间治理中的运用，指导互联网企业加强技术创新，提高技术治网水平；委托第三方专业智库，深入摸底调研网站现状，启动构建网络舆论生态评估体系，对网站生态状况进行动态评估，建立网络舆论生态"晴雨表"。

同时，国家网信办也在总结以往专项行动经验的基础上，着重发挥广大网民、专家学者、行业协会、智库团体的积极作用，创新工作举措，广纳良言建议，推动形成全社会共治共享的网络空间治理新格局。

（二）网络社会治理中的企业责任

当今，互联网与现实社会深度融合。随着"互联网＋"创业热潮的兴起，基于互联网的平台型企业，包括信息平台、订餐平台、打车平台、购物平台、旅游平台等，得到快速发展。平台经济尤其是互联网平台经济蓬勃发展的大趋势，激活了大众创新活力，为国民经济的创新发展提供了强大动力。在线购物、在线理财、手机支付、共享出行、无人商店等成为人们社会活动中的重要组成部分。然而，这些平台在盘活社会资源、创造显著经济效益的同时，也带来了新型的企业社会责任问题。比如滴滴出行的"问题司机"、饿了么的"无证餐厅"、快播的"涉黄案"、携程的"积分票"、百度的"售卖贴吧"，等等，这些现象背后都反映出在平台经济模式下企业社会责任缺失问题。

2016年4月，习近平同志在网络安全与信息化工作座谈会上提出要"增强互联网企业的使命感、责任感"，强调作为拥有7亿多网民的大国，互联网治理任务复杂繁重，企业要承担企业的职责，党和政府要承担党和政府的责任，明确提出网上信息管理,网站承担主体责任,主管部门、企业要建立密切协作协调关系,共同走出一条齐抓共管、良性互动的新路。

与此同时,越来越多的互联网企业意识到并履行着社会责任。2008年,阿里巴巴和腾讯先后发布了第一份企业社会责任报告。阿里巴巴秉承"企业社会责任内生于商业模式"的企业社会责任理念,致力于通过电子商务的手段,积极履行企业社会责任,"农村淘宝战略"为农村扶贫带来了新思路。阿里巴巴旗下的"高德地图"利用大数据推进智慧出行,大大缓解了城市的交通拥堵和环境污染。腾讯坚守媒体责任,挖掘善行,积极向社会传递正能量,引导正向社会价值观;发起"老有所衣—暖乡行动"公益活动,探索互联网社会化公益新方向;自主研发TAV杀毒引擎,推动中国互联网安全。

2016年7月26日,第三届中国互联网企业社会责任论坛在北京召开,在论坛的圆桌会议上,人民网、新华网、阿里巴巴、腾讯公司、百度等中国互联网企业就"责任与使命"这一主题进行了讨论,与会企业表示将进一步增强企业的使命感、责任感,坚持经济效益和社会效益并重,切实把履行社会责任作为企业生存和发展的根本。

(三) 网络社会治理中的宣传教育

信息化社会中,网络连接着每一个人,在信息安全防护工作面前每个人都不可能置身事外。信息安全最大的威胁之一就是信息系统管理者和使用者缺乏网络安全知识,信息安全意识淡薄。

2014年11月,中央网络安全和信息化领导小组决定为了帮助公众更好地了解、感知身边的网络安全风险,增强网络安全意识,提高网络安全防护技能,保障用户合法权益,共同维护国家网络安全,会同中央机构编制委员会办公室、教育部、科技部、工业和信息化部、公安部、中国人民银行、新闻出版广电总局等部门,共同举办首届国家网络安全宣传周。

2016年，国家网信办、教育部、工业和信息化部、公安部、国家新闻出版广电总局、共青团中央、湖北省联合主办第三届国家网络安全宣传周。本届宣传周的主题为"网络安全为人民，网络安全靠人民"。在宣传周开幕式上，中央网络安全和信息化领导小组副组长刘云山讲话，强调要认真学习贯彻习近平总书记系列重要讲话精神，树立以人民为中心的发展思想，树立正确的网络安全观，坚持网络安全和网络发展同步推进，让互联网更好地造福人民。宣传周期间，还组织开展了网络安全博览会、网络安全技术高峰论坛、网络安全电视知识竞赛等系列活动。

同时，经中央网络安全和信息化领导小组同意，本次《国家网络安全宣传周活动方案》明确从2016年起网络安全宣传周每年于固定时间在全国各省区市范围内统一开展，时间定为每年9月的第三周，旨在通过广泛开展网络安全宣传教育，增强全社会网络安全意识，提升广大网民的安全防护技能，营造健康文明的网络环境。宣传周开幕式等重要活动可根据地方实际情况安排在省会城市举行。

同时，为增强各级组织结构内部工作人员信息安全意识，在信息安全日常管理工作中，信息系统运营和使用单位也通过宣传短片、视频课件、宣传海报、展板、标语、通报、手册等多种形式，积极组织开展信息安全意识教育、培训及宣传。通过在组织机构范围内建立信息安全防护公约，制定信息安全防护行为准则，将信息安全意识融入员工的工作生活之中，促使信息安全自我防护成为一种常态化信息素养。

参考文献

1. ［美］曼纽尔·卡斯特著，马铸九、王志弘等译：《网络社会的崛起》，社会科学文献出版社2006年版。
2. 周宏仁：《信息化论》，人民出版社2008年版。
3. 中国互联网络信息中心：《第39次互联网络发展状况统计报告》，2017年1月。
4. 刘琼、任树怀：《论Web 3.0下的信息共享空间》，载于《图书馆》2011年第2期。
5. 《互联网时代》主创团队：《互联网时代》，北京联合出版公司2015年版。
6. 曾令辉：《网络社会人的发展研究》，人民出版社2009年版。
7. 王青松：《网络社会对现实社会的影响及对策》，载于《四川理工学院学报（社会科学版）》2011年第5期。
8. 中国青少年网络协会中国传媒大学调查统计研究所：《2009年青少年网瘾调查报告》。
9. 钟忠：《中国互联网治理问题研究》，金城出版社2010年版。
10. 张春华：《网络舆论社会学的阐释》，社会科学文献出版社2012年版。
11. 北京市国有文化资产监督管理办公室：《北京文化创意产业发展白皮书（2016）》，2016年11月。
12. 北京市国有文化资产监督管理办公室：《北京文化创意

产业白皮书（2014）年》，2014 年 12 月。

13. 何明升、白淑英等：《虚拟世界与现实社会》，社会科学文献出版社 2011 年版。

14. 郭玉锦、王欢：《网络社会学》，中国人民大学出版社 2004 年版。

15. 《中国互联网络发展状况统计报告》（1997 年 10 月）。

16. 《中国互联网络发展状况统计报告》（2017 年 1 月）。

17. 蒋奇：《社区建设与管理》，北京大学出版社 2008 年版。

18. 郑杭生：《社会学概论新修》，中国人民大学出版社 2003 年版。

19. 郑永年：《技术赋权》，东方出版社 2014 年版。

20. 张迎辉：《微博的网络社会动员与传统社会动员的区别》，载于《现代视听》2012 年第 8 期。

21. 俞鸿：《网络动员：如何从虚拟到现实？》，载于《东南传播》2010 年第 1 期。

22. 李一：《网络社会治理的目标取向和行动原则》，载于《浙江社会科学》2014 年第 12 期。

23. 方兴东：《中国互联网治理模式的演进与创新》，载于《学术前沿》2016 年第 3 期。

24. 王芳：《论政府主导下的网络社会治理》，载于《学术前沿》2017 年第 7 期。

25. [法] 让-皮埃尔·戈丹著，钟震宇译：《何谓治理》，社会科学文献出版社 2009 年版。

26. 孙广远、尹霞、徐璐璐：《国外如何管理互联网》，载于《红旗文稿》2013 年第 1 期。

27. 东鸟：《网络战争》，九州出版社 2009 年版。

28. 《中共中央关于全面推进依法治国若干重大问题的决定》。

29. 金太军：《网络与政府管理》，贵州人民出版社 2002

年版。

30. ［美］盖伊·彼得斯著，吴爱明、夏宏图译：《政府未来的治理模式》，中国人民大学出版社 2013 年版。

31. 李纲：《网络社会管理的制胜之道》，载于《电子政务》2011 年第 9 期。

32. 李纲、陈诺：《网络社会管理的模式创新》，载于《理论视野》2011 年第 9 期。

33. 《中共十七届中央委员会第 6 次全体会议公报》。

34. 《中共中央关于深化文化体制改革推动社会主义文化大发展大繁荣若干重大问题的决定》。

35. 《中华人民共和国刑法》。

36. 胡泳：《众声喧哗》，广西师范大学出版社 2013 年版。

37. 曾润喜：《网络舆情信息资源共享研究》，载于《情报杂志》2009 年第 8 期。

38. 《第十五次全国信息网络安全状况与计算机及移动终端病毒疫情调查分析报告》。

39. 何精华：《网络空间的政府治理》，上海社会科学院出版社 2006 年版。

40. 闵祥参、范九伦、张雪锋、刘意先、任方：《信息安全专业课程体系设置的几点思考》，载于《网络与信息安全学报》2016 年第 7 期。

41. 张锐昕：《电子政府与电子政务》，中国人民大学出版社 2011 年版。

42. 网络安全信息与动态周报，http：//www.cert.org.cn/。

43. ［美］马克·格雷厄姆、威廉·H. 达顿著，胡泳等译：《另一个地球互联网＋社会》，电子工业出版社 2015 年版。

44. 中国信息化发展报告课题组：《网络与治理中国信息化发展报告》，电子工业出版社 2015 年版。

45. ［美］杰里米·里夫金著，张体伟、孙豫宁译：《第三次工业革命》，中信出版社 2012 年版。

46. 张真继、张润彤：《网络社会生态学》，电子工业出版社 2008 年版。

47. 章政、皮定钧、吴崇宇：《大数据时代的社会治理体制》，中国经济出版社 2016 年版。

48. 钱志新：《世界是网的》，江苏人民出版社 2012 年版。

49. ［美］乔纳森·齐特林著，唐国平、刘乃清译：《互联网的未来》，东方出版社 2011 年版。

50. ［美］彼得·德鲁克著，蔡文燕译：《下一个社会的管理》，机械工业出版社 2016 年版。

51. 袁峰、顾铮铮、孙钰：《网络社会的政府与政治》，北京大学出版社 2006 年版。

52. 骆毅：《走向协同——互联网时代社会治理的抉择》，华中科技大学出版社 2017 年版。

53. 亦君：《喧哗与搏杀——战场和媒介社会的"舆论信息战"》，中国发展出版社 2017 年版。

54. 熊培云：《重新发现社会》，新星出版社 2010 年版。

55. 易北辰：《移动互联网时代》，企业管理出版社 2014 年版。

56. ［美］尼古拉斯·克里斯塔基斯、詹姆斯·富勒著，简学译：《大链接》，中国人民大学出版社 2013 年版。

57. 仲韶川：《互联网黑洞》，电子工业出版社 2014 年版。

58. ［美］艾伯特-拉斯洛·巴拉巴西著，沈华伟译：《链接——商业、科学与生活的新思维》，浙江人民出版社 2013 年版。

59. 郭玉锦、王欢：《网络公共领域建构研究》，北京邮电大学出版社 2015 年版。

60. 罗爱武：《互联网对政治参与平等化的影响研究》，中国社会科学出版社 2015 年版。

61. 王淑华：《互联网的公共性》，社会科学文献出版社 2014 年版。

62. ［美］杰夫·斯蒂贝尔著，师蓉译：《断点——互联网进化启示录》，中国人民大学出版社 2015 年版。

63. Cybersociety, Müller, Lorenz, International Law FORUM du Droit International; Aug2000, Vol. 2 Issue 3, p163 – 169.

64. Policing and Cybersociety: The Maturation of Regulation within an Online Community, Williams, Matthew, Policing & Society. Mar2007, Vol. 17 Issue 1, p59 – 82.

65. Cybersociety 2.0: Revisiting Computer Mediated Communication and Community, Ward, Katie, Sociological Review. May2000, Vol. 48 Issue 2, p317 – 320.

66. Can Virtual Currencies Increase Political Power? National Security Implications of Virtual Currency: Examining the Potential for Non-state Actor Deployment, 2015, RAND Corporation.

67. Virtual Versus Face – to – Face Collaboration: A Survey of the Literature, Challenges in Virtual Collaboration: Videoconferencing, Audioconferencing, and Computer – Mediated, 2004, RAND Corporation.

68. E – Government and its Models/Guvernarea Digitală Şi Modelele Sale, Mihaela Sava and Sofia Elena Colesca Cercetări practice şi teoretice în Managementul Urban Vol. 2, No. 5 (November 2007), p49 – 58.

69. Adedoyin, A. Christson A., Deploying Virtual Communities of Practice as a Digital Tool in Social Work: A Rapid Review and Critique of the Literature, Social Work Education. Apr2016, Vol. 35 Issue 3, pp. 357 – 370.

70. Community – Building in a Virtual Teaching Environment, Schwartz, Sara L., Wiley, June L., Kaplan, Charles D., Ad-

vances in Social Work. Spring2016, Vol. 17 Issue 1, pp. 15 – 30.

71. Virtual Communities—A New Sense of Social Intersection, GRĂDINARU, Camelia, Romanian Journal of Communication & Public Relations. 2011, Vol. 13 Issue 1, pp. 21 – 35.

72. Networked Coproduction of Public Services in Virtual Communities: From a Government – Centric to a Community Approach to Public Service Support, Meijer, Albert Jacob, Public Administration Review; Jul/Aug2011, Vol. 71 Issue 4, pp. 598 – 607.